森のふしぎを知る森歩きへ

上：冬のブナ林。美しい木肌の中でスノーハイクが楽しめる(丹沢山コース)
左：鮮かな新緑のブナ。生命の輝きと出会える瞬間
下：谷に立つ杉の巨樹。数百年の間、この谷を見守ってきたのだろう(丹沢山コース)

「木も見て森も見る」方法をマスターすれば、あなたの知らない森の姿が見えてくる。

霧の草原に立つイラモミ。強い風に耐えてきた木の歴史を感じよう（大菩薩嶺コース）

森林限界が近づくにつれて、樹木のサイズは小さくなる。まるで庭園のようだ（金峰山コース）

黄色に染まるダケカンバのトンネル。大きく曲がった幹が雪との戦いを物語る(富士山コース)

秋から冬の森も味わい深い。葉を落として眠りにつく前の黄葉も魅力的

大都市の中にも、静寂の森は見つかる。誰でも手軽に行ける別世界(東高根森林公園コース)

森が生まれている場所を見に行こう。富士山には森林限界に沿った平坦なコースがある

紅葉は森歩きのハイライト。いつまでも心に残る感動が森にはある

森のふしぎを知る
森林観察ガイド
驚きと発見の関東近郊10コース

渡辺一夫

築地書館

目次

この本を持って、森に行こう！……ⅲ

PART 1　関東近郊の特選10コース

1. 江ノ島——関東沿岸の本来の森と、潮騒を訪ねる貴重なコース ……… 2
2. 高麗山（大磯）——常緑広葉樹林の奥行きを味わえる好コース ……14
3. 神奈川県立 東 高根森林公園——シラカシとその絶えざる力を快適に観察できる ……………………………………………………………………22
4. 高尾山——わが道をゆく樹木たち ………………………………………32
5. 大山——標高とともに移り変わる植生の垂直変化を楽しむ …………44
6. 丹沢山——変化していく地形に応じた個性豊かな樹木たち …………58
7. 三頭山——渓流の森の独特な木々の中を歩く …………………………78
8. 大菩薩嶺——絶景の草原と亜高山の原生林を楽しむ …………………98
9. 金峰山——森林限界を眼下に眺める爽快な稜線漫歩 ……………… 112
10. 富士山——森が生まれる最前線をこの目で見に行こう！ ………… 130

PART 2　森林観察を100倍楽しむために

森林観察の準備……………………………………………………………… 146
森林の基礎知識……………………………………………………………… 151
樹木のミニ図鑑……………………………………………………………… 178
　樹木を見分けるポイント……198

参考文献……201
用語解説……205
問い合わせ一覧……209
あとがき……211

この本を持って、森に行こう！

　この本は、もっと森を楽しみたい、もっと森を知りたいと思っている方のための本です。

　例えば、ブナは涼しい場所に、ツバキは暖かい場所にと、樹木は気候によって生えている場所が違います。

　また、モミは尾根にケヤキは谷にといったように地形によって育つ場所が違います。森は、樹木とそれを取り巻く環境によって、その姿を決められているのです。

　もし、ある程度の知識と好奇心があれば、樹木がもっている風や雪に耐える生命力や、生き延びるための知恵といった、森とそれを取り巻く自然のドラマを読み取ることができます。

　森はその中にいるだけで、癒しの効果をもつといわれています。もちろん森の中でのんびりと、その雰囲気に浸るのもよいでしょうが、森の仕組みや成り立ちがわかると、丘陵や山を歩くことがもっと楽しくなります。

　それは、森の中で立ち止まった時、「ああ、そうだったのか！」という、さまざまな発見があり、発見は、ドキドキするような驚きと感動を与えてくれるからです。

　森林の仕組みや成り立ちは、実際に森林に出かけて観察することによってはじめて理解できます。つまり、百聞は一見にしかず！です。

　では、どこに行って、なにを見ればいいのでしょうか？

　本書は、「歩きながら」森林の仕組みや成り立ちを知るためのガイドブックとして、掲載の10コースを巡ることで、森林の仕組みがほぼすべて理解できるようになっています。

　本書を片手にあなたも森の案内人を目指してみてはいかがでしょう。

＊本書の構成

　本書では、森林観察に適した10のコースを取り上げました。暖かい（標高の低い）地域のコースから、寒い（標高の高い）地域のコースまで、各コースの気候は異なります。

　標高の低い場所では常緑樹が多く、標高が高い場所では落葉樹が多いので、出かける場合は、夏に標高の高いコース、冬に標高の低いコースが適しているかもしれません。

　歩行時間は、あくまで好天時の標準的な所要タイムです。また、観察、食事、休憩の時間は含まれていません。ゆっくりと観察するならば、歩行時間の1.5倍位は見ておきましょう。

　なお、本文中の専門用語は、巻末の用語解説を参照して下さい。

PART 1
関東近郊の特選10コース

1 江ノ島
関東沿岸の本来の森と、潮騒を訪ねる貴重なコース

　江ノ島は神奈川県藤沢市にあり、砂州で海岸とつながった島です。古くから江島神社を中心に参拝や観光で栄えてきた島で、神社や展望灯台などいろいろなみどころがあり、年間を通して多くの観光客でにぎわっています。

　そして、江ノ島には貴重な自然も残っています。それは**タブノキ**や**スダジイ**の森です。

　関東地方の低標高地（およそ標高800m以下）では、現在の気候で、もし人の手が加わらなければ、**常緑広葉樹林**（タブノキやシイ類、カシ類）に覆われるはずであるといわれています。しかし、実際は、人の手によって、スギやヒノキが植林されたり、薪や肥料用の落葉を取るためにコナラやクヌギの林に変えられてしまっており、**本来の森の姿**はあまり残っていません。

　常緑広葉樹の中でも海岸に近い場所によく見られるのが、**タブノキとスダジイ**です。江ノ島では、いくつかの場所でタブノキやスダジイの力強い姿を見ることができます。江ノ島は、関東地方の沿岸部の「本来の森」を見ることができる貴重な場所なのです。

　また、江ノ島は、周囲を海に囲まれて風が強い場所です。**タブノキやスダジイが生育できないくらい風が強い場所**（とくに海岸線に近い場所）もあります。このような場所では、強風や乾燥に適応した**「海岸低木林」**という樹林が見られ、樹木のたくましさに驚かされます。江ノ島は、樹木の風との戦いのドラマを垣間見ることができる場所でもあるのです。

みどころ
- タブノキ、スダジイ林（わずかに残された関東地方沿岸の本来の森）
- 海岸低木林（強風に耐える樹木のドラマ）
- 島の北岸と南岸ではどう植生が違うのか？

コース案内図

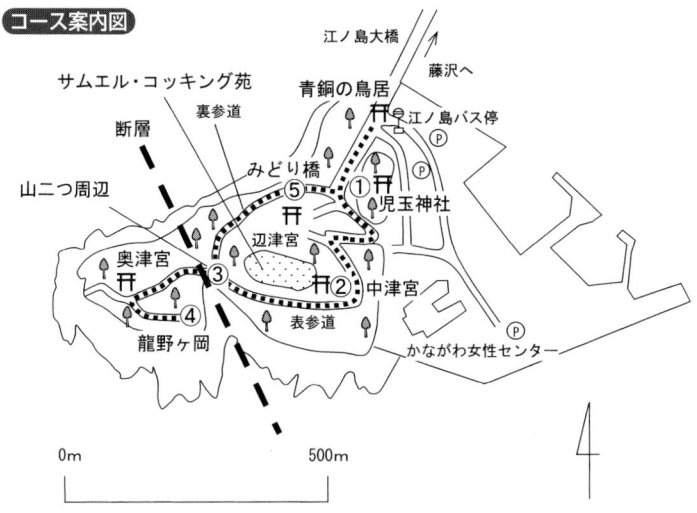

コース 小田急江ノ島線片瀬江ノ島駅→青銅の鳥居→①児玉神社→②中津宮→③山二つ→④龍野ヶ岡（恋人の丘）→⑤みどり橋（裏参道）→青銅の鳥居

歩行時間：1時間

主な樹木 タブノキ、スダジイ、モチノキ、ヤブツバキ、カクレミノ、イヌビワ、アオキ、マサキ、トベラ

①児玉(こだま)神社（巨木も見られるタブノキ、スダジイ林）

　江ノ島大橋（弁天橋(べんてんばし)）を渡ると、正面に青銅の鳥居があり、そこから南に向かってしばらくはみやげ物屋や食堂が軒を連ねていて、観光客でにぎわっています。突き当たりの辺津宮(へつのみや)の赤い鳥居があります。この鳥居の手前で左側の階段を登っていくと、左手に児玉神社の入口があります。児玉神社の北西斜面には、**タブノキとスダジイ**の樹林があります。

　樹林の内部を観察すると、さまざまな高さの木が生えている「階層構造」が見られます。

　森林は樹木の高さでグループ分けすると、高木層（高さ10m以

江ノ島

児玉神社の樹林。光る葉と、もこもこした木の形が常緑広葉樹の特徴

上)、亜高木層（3〜10m）、低木層（50cm〜3m）、草本層（50cm以下）に、分けられます。各層にどんな木が生えているかを見てみましょう。

高木層〜亜高木層には、**タブノキ、スダジイ**の大木（直径50cm位）や、**カクレミノやヤブツバキ**が生えています。低木層には、**イヌビワ、アオキ、カクレミノ、ヤブツバキ**などが見られます。低木もやはり常緑樹が多くなっています。

児玉神社北斜面の樹林構成。
典型的な常緑広葉樹が見られる

さまざまな高さの木が生えている「階層構造」が見られますが、**スダジイやタブノキ**の稚樹（幼い木）はあまり見あたりません。草本層には、シダ類やつる植物（テイカカズラなど）が見られます。ここで見られる植生は、常緑広葉樹林ではかなり典型的に出現する植物です。

この樹林では、優占(ゆうせん)（多数を占めること）している種は、**タブノキとスダジイ**です。**タブノキとスダジイ**は極相種といって、日陰に耐えて育つ力（耐陰力）を持ち、長期に渡り世代交代を行って、森に君臨する種です。しかし、この樹林では、子孫である幼い木（稚樹）が、ほとんど見られません。将来、このタブノキやスダジイの樹林がどう変わっていくのか想像してみるのも興味深いですね。

なぜ常緑広葉樹は暖かい地方に生えているのか？

　おおざっぱにいうと日本の植生は、暖かい場所から寒い場所に向かって、常緑広葉樹林帯→落葉広葉樹林帯→（亜高山）常緑針葉樹林帯、の順で分布します。常緑広葉樹は、最も寒い月の平均気温がマイナスになる地方ではほとんど分布していません。なぜ、常緑広葉樹は暖かい地方に分布するのでしょうか？

　常緑広葉樹は、表面につやがありテカテカと光る（ツバキの葉をご想像下さい）ので「照葉樹」ともよばれ、厚い葉を持っています。常緑広葉樹が暖かい地方に分布するのは、この厚くてテカテカした葉に秘密があるようです。

　樹木はそれぞれ生存戦略をもっています。「常緑」であるということは、冬でも光合成をして栄養分をつくる戦略を持っているということです。逆に、落葉広葉樹は冬には葉を落として休眠してしまう戦略です。だから秋になったら落葉しなくてはなりませんが、常緑広葉樹にはそんな制約はありません。このため常緑広葉樹の葉の寿命は、落葉広葉樹の寿命（半年位）に比べて、長い（２年位）のです。また、葉は分厚く葉緑素をたっぷり含み、表面には乾燥を防ぐためにワックスを施してあります。このワックスがテカテカ光っているのです。常緑広葉樹の戦略は、葉の材料にコスト（栄養分）をかけて丈夫で高性能な葉をつくり、長持ちさせて、冬の間も光合成を行おうという戦略です。コストをかけている分、冬の間もしっかり働いて（光合成をして）もらわなくてはなりません。

　冬に気温がマイナスになるような場所では、多くの樹木は、温度不足や葉の水分の凍結によって光合成ができません。また、寒さに弱い常緑広葉樹は、凍死してしまうこともあります。このため、常緑広葉樹は、真冬でも月の平均気温がマイナスにならない暖かい所に生育しているのです。

江ノ島

②中津宮（江ノ島一のタブノキの巨木）
なかつみや

　児玉神社を後にして表参道を辿ります。階段をしばらく登ると中津宮に着きます。中津宮の鳥居の下あたりに、直径１ｍは越えるかと思われる大きな**タブノキ**が２本見られます。江ノ島でも最も大きいそうです。長い年月を生き抜いてきた荘厳さを感じます。

　タブノキのそばには、ウッドデッキの展望台があって、対岸の小動岬を望むことができます。
ゆるぎみさき

> **「山二つ」はなぜできたのか？**
> 　江ノ島には、波に削られた崖（海食崖）に洞窟が空いており、観光スポットにもなっていますが、これは断層に沿って波による侵食が進んでつくられたものです。
> 　江ノ島には断層がいくつか走っていますが、島の中央部と西部の間にも、断層が走っています（コース案内図参照）。断層線は波により侵食されやすく、この断層線に沿って侵食されて台地面が低くなった部分（鞍部）があり、島を二分しています。この鞍部は「山二つ」という地名でよばれています。地点③で、山二つから観察する断崖は、断層崖であり、山二つの南岸は、断層線に沿って侵食され内湾が形成されています。

③山二つ周辺（断崖の植生と海岸低木林）
やまふたつ

　山二つ周辺では、みどころが２カ所あります。それは、龍野ヶ岡の断崖の植生と、展望灯台下の海岸低木林です。

龍野ヶ岡の断崖の植生
たつのがおか

　サムエル・コッキング苑の入口の前を通りすぎて、「山二つ」への階段を下ります。変わった地名ですが、おそらく二つの山の間（鞍部）であることに由来するのでしょう。この階段を下る途中で、右手に高さ３ｍ位の関東ローム層（赤土）が露出している小崖があります。山二つの100ｍ位手前（南東）です。この小崖は目立つので、これから紹介する観察ポイントの目印にして下さい。
あんぶ

　さて、この関東ロームの露頭を背にして、目を海側に転じてみま

山二つ手前の関東ローム層の小崖が右手に見える

しょう。南西の方向に高さ30m程度の崖が見えます。テレビのサスペンス・ドラマに出てきそうな断崖で、眼下には青い海が波しぶきをあげています。

　崖の上部には**スダジイ**や**タブノキ**の樹林が茂っており、この樹林は、地点④で観察する「龍野ヶ岡」の東側の樹林です。

　木の姿を眺めることのできるよいポイントなので、双眼鏡を使って木々の葉を観察してみましょう（植生の配置は、P8を参考に）。**タブノキ**は葉が深緑色で上向きに束になって生えています。**スダジイ**は葉の裏が茶色を帯びて枝の両側に葉が付いています。この点で両者を区別できます。図鑑でも確認しておきましょう。**スダジイ**も**タブノキ**も、背が低く、曲がりくねって生えています。また、**モチノキ**や**ヤブツバキ**も混じっています。

　スダジイや**タブノキ**の樹林よりも、もっと下の方の絶壁に近い所では、**スダジイ**や**タブノキ**ではなく、背の低い**トベラ**、**シャリンバイ**、**マサキ**などの、海岸低木林（後で解説します）が見られます。海岸低木林のさらに下には、クズなどのつる植物や**ヤブツバキ**が這うように覆っています。

　断崖の向かって右側の人家に近い方を双眼鏡で見てみましょう。崖の上部は、**マサキ**、**トベラ**、**シャリンバイ**といった海岸低木林です。視線を少し下げると、崖の中ほどには、**アズマネザサ**、**ススキ**、が生えています。**アズマネザサ**は、海岸の崖であっても関東ローム

山二つ付近より、龍野ヶ岡の断崖を望む

が顔を出しているような場所であれば生育できる植物です。さらに、その下はほとんど垂直の断崖で、ハマカンゾウなどの植生がパッチ状（島状）に崖にへばりついています。山二つから眺めた龍野ヶ岡の植生を整理すると、下の図のようになっています。

展望灯台下の海岸低木林

次に、展望灯台下の海岸低木林を見るために、龍野ヶ岡方向に少

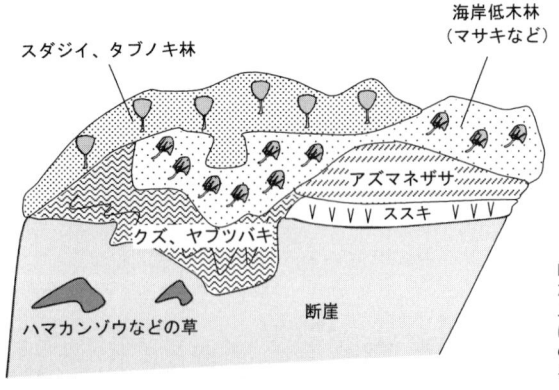

山二つ付近から眺めた龍野ヶ岡の植生。スダジイやタブノキは台地面に近い傾斜の緩い場所に見られる

し移動します。最低鞍部である山二つを過ぎて、階段を少し登って振り返ると、展望灯台の下に、まるで生垣のような低木林が見えます。この低木林をつくっているのは、風と乾燥に強い**トベラ**や**マサキ**といった木です。

双眼鏡で見てみましょう。ここは南（相模湾）からの強風が吹き上げる場所であると見えて、これらの低木は風下方向（斜面の上方向）に曲がっています。

江ノ島の地形の成り立ち

山二つから眺めた龍野ヶ岡の断崖は、セメントのような灰色に見えます。この崖は、灰白色の凝灰質砂岩からなっており、地質的には葉山層といわれます。葉山層は、三浦半島の土台をつくっている地層で、1500万年ほど前に海底に堆積した地層です。

江ノ島の地形は、高さが標高50～60m位の台地で、台地上は平坦になっています。島の周囲は波に削られて、切り立った崖（海食崖）が形成されています。

江ノ島が台地なのは、この葉山層がかつて浅い海底にあったときに、その上部が波に削られて平坦になったためです。平坦に削られた時期は、約13万年前の気候が温暖で海面が現在よりもやや高かった時期（下末吉海進時）です。その後、気候の寒冷化による海面の低下や、地盤の隆起によって陸上に出て、台地面に富士山や箱根が噴火して飛んできた火山灰である関東ローム（厚さ約20m）が堆積しました。関東ロームは急斜面では雨水によって流し去られることが多いのですが、台地面など平らな場所にはよく残っています。

関東ロームは火山灰です。岩盤に比べて固まっていない粘土や砂からできているので、植物からすると土壌をつくりやすい材料（母材）のように思えるのですが、リン酸などの養分が少ないなど、植物にとって不利な点もあるようです。

江ノ島は、年間を通して南南西からの強風が吹きつけやすい場所です。また、相模湾は南に向かって開いているため、南から強い風が吹く時は、湾内で長い距離を進んでいるうちに波が発達して、江

海岸低木林。風下（斜面の上方向）になびいている

ノ島にも高い波が打ち寄せます。波しぶきが風に舞い上がって樹木の葉に塩分が付着したり侵入すると、葉がダメージを受けます。塩分濃度が強い水を多くの植物は吸収することができないため、海岸は植物にとっては乾燥した環境になっています。

　マサキ、トベラ、シャリンバイなど海岸低木林をつくる樹木は、葉が小さく堅く、乾燥に耐えられるようになっています。そして、幹は根元から何本かに分かれ、枝もよく分かれていて、強風に耐える樹形をもっています。海岸低木林は、自らの体を変化させて、過酷な環境に耐え、生き残っているのです。

④龍野ヶ岡（風に耐えるタブノキ、スダジイ林）

　龍野ヶ岡は、陽光がきらめく相模灘を望むことのできる高台です。斜面の下から聞こえてくる潮騒を聞きながら、**タブノキやスダジイ**の生活に思いを馳せましょう。

　龍野ヶ岡に向かってしばらく歩くと、奥宮津に着きます。奥宮津の南側には、龍野ヶ岡自然の森（恋人の丘）として、整備された森林があります。ここは、もとは草原だった所ですが、**スダジイやタブノキ**などが植林されています。この園地（柵の内側）の中は植林地ですが、その東側や南側（柵の外側）は先ほど山二つから見えた、**スダジイとタブノキ**の樹林です。

　柵に沿って歩きながら、柵の内側から**スダジイとタブノキ**の樹林を観察しましょう。**スダジイやタブノキ**は、風の影響で高さはせいぜい10m位ですが、直径は30cm位あります。風や塩分をまともに受ける厳しい環境なので、生長が遅いのかもしれません。高木層に

龍野ヶ岡の東側斜面の樹林

は、**スダジイ**が多く、**タブノキやモチノキ**がこれに混じっています。亜高木層〜低木層には、**ヤブツバキ、カクレミノ、イヌビワ、アオキ、**などが生えています。樹形は、株立ち（根元から幹が枝分かれすること）したり、枝がよく曲がって、上向きにカップ型のトロフィー状に枝分かれしています。林床には、つる植物（フウトウカズラなど）、ヤブコウジ、トベラ、などが見られます。シダ類は見あたりません。ここは、斜面の上部で、東や南向きの斜面なので、地面が乾燥しているようです。

> **樹林が斜面に多いのはなぜか？**
> 　江ノ島の樹林はほとんどが斜面に成立しています。本来は台地の上面にも樹林があったのでしょうが、台地の上面は平坦なため神社や宅地などに利用されていて自然の植生はほとんど残っていません。一方、海面に近い部分は海食崖になっているために樹林は成立しにくく、自然の植生が残っているのは、台地面と海食崖の間にある斜面の部分に限られています。

⑤みどり橋（豊かなタブノキ、スダジイ林）

　奥宮津から往路を引き返して、山二つまで戻ります。山二つでは、江ノ島北岸の海岸線に沿った裏参道へ行く道が分岐します。ここで、裏参道へ入ります。江ノ島では、島の南岸には高い海食崖が発達していますが、北岸は南岸よりも崖が発達しておらず、斜面の比較的下部まで植生が見られます。裏参道は全体的に、**タブノキやスダジ**

島の北側斜面の樹林を、山二つ付近から望む

イの樹林の中を通っています。

　しばらく裏参道を下っていくと、小さな沢に「みどり橋」という橋がかかっています。山側の樹林を見上げると、高木層には、**タブノキ**と**スダジイ**が見られます。亜高木層〜低木層は豊かで、**カクレミノ、アオキ、イヌビワ、ムラサキシキブ、シロダモ、ヤブツバキ**など常緑樹を主体としたさまざまな樹木が見られます。林床（地面に近い所）は、フウトウカズラなどのつる性植物や、シダ類、スゲ類などが見られます。

　みどり橋の**タブノキ、スダジイ**林は、龍野ヶ岡の樹林と比較すると、木の種類が豊富です。これは、風下側の斜面であることや、斜面中腹で土壌に水分が多いことが影響しているようです。

　目を谷側に転じて、斜面を見下ろすと、**スダジイ、タブノキ、モチノキ、ケヤキ**などが見られ、海面に近い斜面の下部（急崖になっ

ている）には、**アカメガシワ、カラスザンショウ**が混じります。**アカメガシワ、カラスザンショウ**は陽樹（植生がなくなった後、真っ先に定着する日向を好むタイプの木）です。斜面の下部は、土砂の崩壊が起きているのかもしれません。

　一般に、常緑広葉樹林が土砂崩壊などで破壊された場合、その場所には上のアカメガシワのような落葉広葉樹の陽樹が先駆的に侵入し、やがて陰樹（日陰に耐えられるタイプの木）である常緑広葉樹に置き換わっていきます。このような植生の変化を遷移といいます。

　みどり橋からしばらく歩くと、辺津宮の赤い鳥居の下に戻ってきます。龍野ヶ岡の静かさがうそのように観光客で賑わっています。どこからかサザエを焼く香ばしいにおいがします。帰りがけに食堂で海の幸を味わうのもよいかもしれません。

風が吹けばマサキが儲かる？

　「風が吹けば桶屋が儲かる」といいますが、江ノ島の南風は地形や植生など、思わぬ所に影響を与えています。江ノ島では、相模湾に面している島の南側の斜面は、南からの風が強いため、高い波が発生し、波によって削られて海食崖が高くなっています。このため、スダジイやタブノキは台地の上の方にしか見られません。また、風や波しぶきが強く乾燥するためか、北側よりも南側の方が、マサキなどの海岸低木林が多く見られます。

　一方、反対側の島の北側斜面は、南からの強風の風下側にあたり、南側の斜面よりも海食崖が発達していません。このため、北側斜面では海岸低木林はあまり見られず、斜面の比較的下部までスダジイやタブノキの樹林が見られます。このように、風が南側と北側の植生の違いを生み出しているのです。

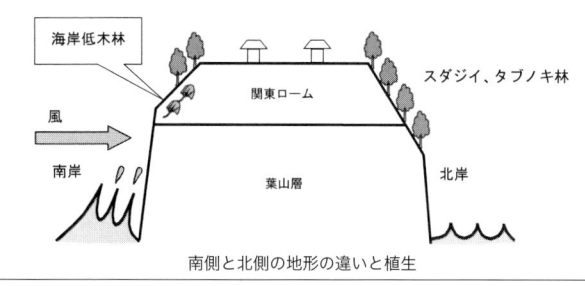

南側と北側の地形の違いと植生

2 高麗山(こまやま)（大磯(おおいそ)）

常緑広葉樹林の奥行きを味わえる好コース

高麗山と高来神社は神聖な雰囲気がある

大磯の高麗山は、湘南の海に近い大磯町(おおいそまち)と平塚市(ひらつかし)の境界に位置する標高168mの丘陵です。山の南斜面を中心に、まとまった**タブノキ**や**スダジイ**の樹林が広がっており、神奈川県の天然記念物にも指定されています。高麗山からは、西に向かって湘南平(しょうなんだいら)方向へも丘陵がのびていて、相模灘を望める静かなハイキングコースが続いています。

高麗山の**タブノキ**や**スダジイ**は、何か荘厳な感じもします。長い歴史をもつ高来(たか)神社の背後にあるからかもしれません。**タブノキ**や**スダジイ**はこの地域の**本来の森**です。この森を眺めながら、一面に、**常緑広葉樹林**に覆われていたかもしれない古代の湘南を想像することも楽しいコースです。

また、高麗山は、斜面や谷間など、場所によって樹木の**住み分け**が見られます。樹木の生活に思いを馳せるのもよいでしょう。

高麗山へは、東麓にある高来神社から登るコースが一般的です。頂上へは、急な男坂と緩やかな女坂の二つの道があります。ここでは、男坂を登り、女坂を下るコースを辿ります。

時間に余裕があれば、高麗山から西に向かって湘南平へ縦走することもできます。常緑広葉樹林の中を歩くコースで、途中で海（相模灘(がみなだ)）の見えるポイントもあります。このコースは常緑樹が多いので、冬でもたくさんの木を楽しむことができます。

コース案内図

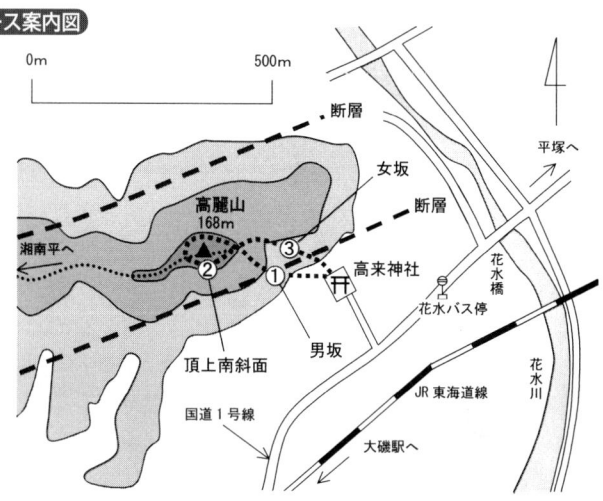

- **みどころ**
  - ●多様な常緑広葉樹林
  - ●急傾斜に耐えるアラカシの生命力
  - ●潤う沢筋のムクノキとケヤキ
  - ●モクレイシ（飛び地的に分布する謎めいた木）

- **コース** JR平塚駅→（バス）→花水バス停→高来神社→①男坂→②頂上南斜面→③女坂→高来神社

  歩行時間：1時間

- **主な樹木** 常緑広葉樹：タブノキ、スダジイ、アラカシ、ウラジロガシ、カゴノキ、ヤブツバキ、シロダモ、モクレイシ、アオキ

  落葉広葉樹：ケヤキ、ムクノキ、コクサギ、マルバウツギ、ムラサキシキブ

  常緑針葉樹：カヤ

① 男坂（急斜面に耐えるアラカシ林）

　高来神社の奥から、男坂を登ります。男坂は尾根沿いの道です。女坂と比べて傾斜が急で、岩が露出している所が多く、土壌が薄い

尾根です。傾斜が急なため、本来厚く堆積しているはずの関東ロームも雨水に洗い流されて、ほとんど残っていません。ここでは、**スダジイ**と**アラカシ**が多い樹林を見ることができます。土壌が薄く、乾燥しているためか、タブノキはほとんど見られません。

男坂周辺の樹林は以下のような構成になっています。高木層には、**アラカシ**が多く、**スダジイ**、カヤが混じります。男坂の登り口付近では**スダジイ**が多いのですが、登るにしたがって、あまり目立たなくなります。また、**ムクノキ**、**ケヤキ**が場所によりパッチ（島状の群落）を形成していたり、大木が見られたりします。亜高木層〜低木層には、**ヤブツバキ**、**アオキ**、**アラカシ**などの常緑広葉樹が多く、**マルバウツギ**、**ムラサキシキブ**、**シロダモ**、**モクレイシ**なども混じります。**ムラサキシキブ**や**マルバウツギ**は落葉広葉樹ですが、常緑広葉樹林の低木層によく出現します。**アラカシ**の稚樹はよく見られますが、**スダジイ**の稚樹はあまり見られません。草本層には、イヌビワ、ジャノヒゲ、ヤブラン、つる性植物（テイカカズラ、キヅタなど）、シダ類（ベニシダ、ヤブソテツなど）が見られます。

男坂の周辺では、場所によっては表土が不安定な斜面もあり、そういった場所では**アラカシ**が優占しています。例えば、男坂のある尾根の南側（海側）は、急傾斜の斜面になっており、そこには**アラ**

地盤が侵食されている場所のアラカシ。萌芽している根元に注目

高麗山はなぜ急な山なのか？

男坂はなぜ急なのでしょうか。

高麗山の北斜面も南斜面もかなり急な斜面ですが、この両斜面は断層によってつくられた断層崖です（コース案内図参照）。断層に挟まれた地塊が隆起してできた山地を「地塁山地(ちるい)」とよびますが、高麗山から湘南平にかけての山体は、この地塁山地です。高麗山は、過去13万年間で120mという激しい速度で隆起したことがわかっています。これは日本でも第1級の隆起速度といわれています。高麗山の南斜面は、急激に隆起した地塁山地の断層崖にあたります。このため、男坂の勾配も急であると考えられます。

相模湾の海底は、プレート（地球の表面を移動している岩板）の境界にあたり、南の海から移動してきたフィリピン海プレートが本州側のプレートの下に沈み込んでいます。このため、相模湾の周辺は地殻変動の激しい地域となっており、それが高麗山を隆起させてきたわけです。

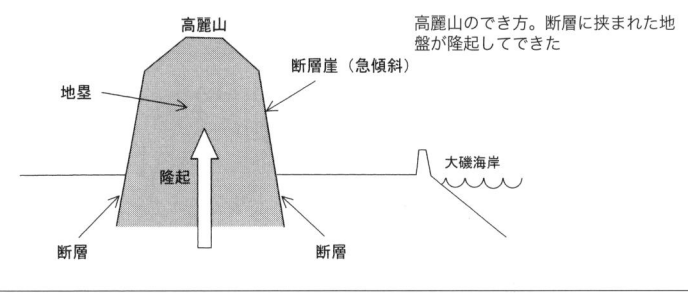

高麗山のでき方。断層に挟まれた地盤が隆起してできた

カシの細い木が密生しています。また、尾根の北側の斜面にも、場所により表土が移動して岩盤が露出しているような急斜面があります。このような場所はアラカシが優占し、ほとんどが盛んに萌芽(ほうが)（根元から芽を出すこと）をしています。もちろん、土砂がよく移動し岩盤が露出しているような場所は、土壌が薄く乾燥していて、樹木の生育にとっては厳しい環境です。しかし、アラカシは、土壌の薄い乾燥した土地でも耐える力が強く、また萌芽力（幹が折れたり倒れたりしても、根元や切り株や枝を出して再生する力）が強い

ので、急斜面でも生えていけるのです。だから、アラカシを探しながら歩くときには、足元によく気をつけた方がいいかもしれません。

　根元から萌芽枝をたくさん出していれば、たとえ主幹（最も太い幹）が倒れても、いずれかの芽が成長して再生する可能性があります。アラカシが根元からたくさんの萌芽枝を出しているのは、どんなに厳しい環境でも耐え抜くぞという強い意志の表れなのです。

②頂上南斜面（多様な常緑広葉樹林）

　急な男坂を登りきると女坂と合流します。もう山頂はすぐ近くです。山頂の周りには一周できる周回コースがあります。山頂手前の階段から山頂南斜面に入ると、**スダジイやアラカシ**が多い樹林があります。この斜面は、土壌はやや乾燥しているようですが、男坂の南斜面に比較すると、傾斜が緩く、表土の移動が少ないと思われます。ここでは、斜面上部に見られる常緑広葉樹林の典型を見ることができます。

　この樹林では、高木層は、**スダジイ、アラカシ、ウラジロガシ、タブノキ**が優占しています。亜高木層～低木層には、**アオキ、ヤブツバキ、アラカシ、モクレイシ、スダジイ**などが目立ちます。**モクレイシ**は、暖地の海岸付近の常緑樹林内に生える常緑の低木で、神奈川県が分布の北限の木です。この木は、神奈川県と伊豆、南九州などに、飛び地的に離れて分布するという謎めいた樹木です。黒潮にのってやってきたのでしょうか。

　草本層は木本のつる植物（キヅタ、テイカカズラ、イタビカズラなど）や、シダ類（イノモトソウ、ベニシダなど）、チヂミザサ、ジャノヒゲ、ミズヒキ、イヌビワ、トベラなどが見られます。樹林は、高さ20m位の大木が多く、階層構造が発達しています。うっそうと樹冠が覆い、荘厳な印象を受けます。

　高木の後継樹（後継ぎの木）があるか、林床を観察してみましょう。**スダジイやアラカシ**の稚樹が見られます。また、**スダジイやアラカシ**には根元から萌芽が見られることから、将来的にも**スダジイ**

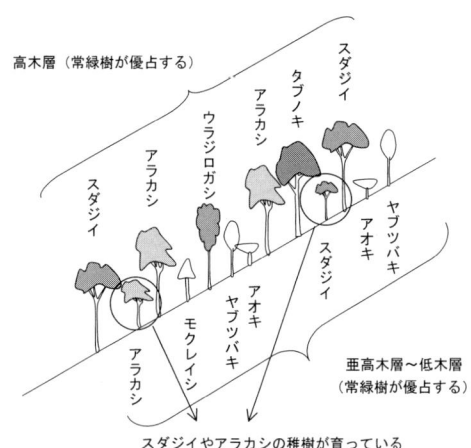

山頂南斜面の森の構成。タブノキ、スダジイ、アラカシ、ウラジロガシといった常緑広葉樹の森。低木も常緑樹が多い

スダジイやアラカシの稚樹が育っている

やアラカシなどの常緑広葉樹が優占する樹林が維持されるようです。

③女坂（谷筋を好むケヤキ、ムクノキ林）

　山頂を一周して一休みしたら、女坂を下山しましょう。女坂は、椎の木沢という沢を横切るコースです。椎の木沢を横切る地点で、さまざまな種類の大木が見られる樹林があります。

　椎の木沢を横切る地点では、高木層〜亜高木層に、太い**ムクノキ**、**ケヤキ**、**タブノキ**が見られ、スギやカゴノキの大木も見られます。また、それほど大きくないのですが、**アラカシ**や**スダジイ**、**イロハモミジ**も混じります。低木層は、**ヤブツバキ**、**アオキ**、**アラカシ**、**コクサギ**が多くなっています。草本層はとても多様で、ミズヒキ、ハエドクソウ、ホウチャクソウ、ヤブミョウガ、ヤブラン、シダ類（イノモトソウ、ヤブソテツ、ミゾシダなど）など、さまざまな植物が見られます。

　この場所に見られる大木には、斜面下部や沢沿いによく生育するものが多いようです。**タブノキ**は、**スダジイ**に比べ土壌のやや厚い、湿った環境（沢沿いなど）で優占します。落葉広葉樹の**ケヤキ**や**ム**

高麗山

ケヤキの大木が椎の木沢上部で見られる

クノキ、**イロハモミジ**といった種も、常緑広葉樹林の斜面下部でよく出現します。**コクサギ**も谷底でよく生育する低木です。**タブノキ**と**ケヤキ**や**ムクノキ**は生育する場所に共通性があります。

　女坂からしばらく下ると、高来神社へ戻ってきます。高来神社の入口付近から高麗山を望むと、立ち枯れた木が点々と見られます。高麗山では、1960年代から、モミ、マツ、スギ、ヒノキなど針葉樹の大木が枯死するようになりました。この原因は、大気汚染の影響と、遷移の進行により針葉樹が常緑広葉樹に取って代わられたためと考えられています。

高麗山のタブノキ、スダジイ林は昔からあったのか？

　高麗山のタブノキ、スダジイ林はいつ頃成立したのでしょうか。

　高麗山の森は、鎌倉時代の寺社建立や、室町時代の戦乱（火災）で荒廃したようです。江戸時代には、徳川家に保護され、マツ、スギ等の植林地と落葉広葉樹の雑木林（薪や落ち葉の採取などで、人によく利用されたことのある森。二次林ともいう）の山になりました。江戸時代はマツ（アカマツ、クロマツ）の山として景勝地になっていたようです。明治以降も枯木や落ち葉の採取が続いたため、マツなどの陽樹が維持され、タブノキやスダジイ林への遷移は人為的に停止されてきました。その後、植林されたマツやスギが大木になるとともに、昭和30年代以降、森林の利用が少なくなり、スダジイやタブノキといった常緑広葉樹が勢力をもち始めました。現在では、遷移が進み、タブノキやスダジイの樹林が形成されています。

　つまり、意外なことに高麗山のタブノキ、スダジイ林は、最近成立したようなのです。

3 神奈川県立東高根森林公園
シラカシとその絶えざる力を快適に観察できる

神奈川県立東高根森林公園は、神奈川県川崎市宮前区にあります。公園内には、樹齢150年以上と推定される**シラカシ林**があり、神奈川県の天然記念物に指定されています。

川崎市という大都市の片隅で、周囲の喧騒が別世界のように、静謐な**シラカシ林**がそこにあります。シラカシは、なぜそこにあるのでしょうか？

遊歩道を歩きながら気持ちよく散策

シラカシの根は、直根性で、火山灰（関東ローム）が堆積している台地などの場所では生育がよいのです。また、気温が海岸部よりも低い内陸でも生育がよく、関東地方の内陸平野部の本来の自然植生の一つともいわれています。しかし、人間の影響力が強い関東地方の低地では、人の手が加わった**コナラ**や**クヌギ**の樹林が多く、まとまった面積のシラカシ林を見ることは難しくなっています。

また、東高根森林公園では、**シラカシ林**とともに、人が育てた**半自然林**である**コナラ**や**クヌギ**の森を見ることができます。そしてそこでは、今日使われることのなくなったコナラやクヌギの森に、ある変化が起こっています。ある変化、つまり自然の絶えざる力である「**遷移**」が、確実に進んでいることを実感できる場所なのです。

公園内は、ビジターセンター、さまざまな自然観察ゾーン、遊歩道がよく整備されていて、とても歩きやすく、植物、鳥、昆虫などの観察にも適した場所です。

- **みどころ**
  - ●シラカシ林（台地の本来の森）
  - ●コナラ、クヌギ林（人が育てた半自然林）
  - ●自然の絶えざる力（遷移の進行）

- **コース**

  JR南武線「武蔵溝ノ口」駅（または東急田園都市線「溝の口」駅）→（バス）→森林公園前バス停→正面入口→①ピクニック広場の南斜面→②ピクニック広場の北斜面→③ユリ園下→④古代芝生広場南斜面→⑤シラカシ林→子供広場→⑥古代芝生広場の東縁→⑦古代芝生広場の南縁→⑧見晴台→正面入口

  歩行時間：1時間

- **主な樹木**

  常緑広葉樹：シラカシ、シロダモ、ヒサカキ、アオキ、マンリョウ、シュロ

  落葉広葉樹：コナラ、クヌギ、イヌシデ、ヤマザクラ、エゴノキ、ハンノキ、ケヤキ

①ピクニック広場の南斜面（人々の生活を支えたコナラ林）

　パークセンターのある公園正面入口を入ると、すぐ左手に、ピクニック広場へと登る道があります。この坂を登りきると、台地上の平坦地であるピクニック広場に着きます。南斜面と、北斜面および東斜面では、樹林の様子が異なります。南斜面を見下ろすと、高木層に直径20cm以上の**コナラ**が多く、**イヌシデ**が混じる落葉広葉樹林になっています。亜高木層や低木層はあまり発達しておらず、階層構造が発達していません。林床は**アズマネザサ**が見られます。

　ここは、雑木林や二次林とよばれる、かつては薪や堆肥に有用な樹木を採取するために、人間が定期的に伐採していた樹林です。**コナラやクヌギ**は伐採されても再生力が強いため、切り株から芽を出して（萌芽）再生します。ここ50年位は薪や堆肥を使わなくなり、放置されてきたため**コナラ**はかなり太くなっています。中には根元から幹が枝分かれ（株立ち）しているものも見られますが、これは、切り株から数本発芽した枝（萌芽枝）がそれぞれ成長して幹となったため、このような樹形になったと思われます。

半自然の森と本来の森

　関東地方の台地や丘陵では、山火事や伐採によって、植生がなくなった土地（裸地）ができた場合、次のような順序で植生が変化します。裸地にまず侵入するのが草本（いわゆる草）で、次に、陽樹とよばれる樹木が侵入してきます。陽樹は日向を好むタイプの木で、多くは羽がついた種を風に乗せて飛ばし、草地に真っ先に定着しますが、日陰に耐える力（耐陰性）が弱いので母樹（種を散布している木）の下では稚樹が育ちません。同じ場所での世代交代ができないので、陽樹は寿命が来ると一代限りで陰樹（耐陰性が強いタイプの木）にその座を譲ります。このように植生が変化していくことを遷移といいます。整理すると、下の流れで遷移は進みます。

　　①裸地 → ②草地 → ③陽樹林（コナラなど） → ④陰樹林（シラカシなど）

　この公園で見られるコナラやクヌギの樹林は、③の陽樹林にあたります。

人の手が加わらなければ、④の陰樹林に変化していくはずです。ところが、コナラやクヌギの森は、地域住民が定期的に伐採して薪をとり、萌芽によって再生させながら長年に渡って、③の陽樹林の段階におしとどめてきた森です。いわば「半自然」の森なのです。これは遷移という自然の力を人間が停止させていたことになります。したがって、もし人間が管理をしなくなれば、自然の力によって、「本来」の森である、④の陰樹林（シラカシやスダジイ）に変化していくわけです。

　少し極端な例ですが、人間の皮膚に例えると、植生にとって伐採や山火事は、手や足を擦りむいて皮膚が剥けてしまった状態です。人間ならばそこで自然にカサブタができて傷口を治していくでしょう。このカサブタの状態が陽樹林です。やがて新たな皮膚がつくられてカサブタがはがれます。カサブタがはがれて出てきた新たな皮膚が、陰樹林なのです。人が利用している雑木林（二次林）は、カサブタができてもそれを無理やりはがして繰り返しカサブタをつくっているようなものです。このような人間による遷移の停止は、焼畑農業が行われるようになった縄文時代にはすでに始まっていたようです。

　ピクニック広場の南斜面のコナラ林には、まだシラカシは侵入していませんが、このまま人の手が加わらなければ、時間がたつにつれて遷移が進みシラカシが侵入していくのでしょう。

②ピクニック広場の北斜面（シラカシが侵入するコナラ、クヌギ林）

　ピクニック広場から、北斜面や東斜面を横切ってユリ園の方へ下ります。ピクニック広場の北斜面は**コナラ**、**クヌギ**が多く、高木層には**ヤマザクラ**や**エゴノキ**が混じります。低木層には、**シラカシ**や**ヒサカキ**、**アオキ**といった常緑樹がよく見られ、そのほかにも、さまざまな種類の落葉広葉樹が育っており、二次林であっても、かなり多様な植生が見られます。**シラカシ**には、低木層だけでなく、亜高木層や高木層に達しているものもあります。地点①の南斜面よりも遷移が進んで、**シラカシ林**になりつつある初期の段階です。林床は**アズマネザサ**が目立ちます。東側の斜面も似たような樹林です。

コナラ（上層）とシラカシ（下層）の二層林

　一般に関東地方の台地では、遷移が復活して極相（遷移の最終段階にあり、陰樹が長期に渡り優占する状態）に向かうプロセスとしては、放置されてしばらくは**アズマネザサ**が林床に茂り、そのうち15年位たつと、**アオキ、シラカシ、マンリョウ、シュロ**などが侵入していき、**シラカシ**を中心とした常緑樹の多い落葉樹林になるといわれています。さらに50年ほどで**シラカシ**林になり、**シラカシ**の安定した極相林になるか、さらに時間がたつと**スダジイ**林になる可能性もあります。そして、山火事などの撹乱（植生が破壊されること）が起きた場所では、**コナラ**などの陽樹林が出現し、極相に向かって遷移のプロセスを辿ります。

③ユリ園下（コナラとシラカシの二層林）

　ユリ園のある谷を下りきると、公園入口につながる大きな遊歩道と合流します。けやき広場の縁に沿った道です。公園入口の方へ少し戻ると、下から斜面を見上げることができます。下から斜面を見上げると、上層が**コナラ**、下層が**シラカシ**の二層林（二つの階層に分かれている樹林）であることが確認できます。**コナラ、クヌギ**林の中に、新たに侵入してきた**シラカシ**がぐんぐん育っているのです。

④古代芝生広場南斜面（密生する細いシラカシ）

古代芝生広場南斜面。細いシラカシが密生している状態

けやき広場に沿って北に進み、道なりに歩くと、西に入り組んだ小さな谷戸（谷底の平野）に入ります。谷戸沿いの道を、小川の流れに沿って西に進みます。小川に沿って谷戸の奥まで進み、小さな橋を渡って小川の対岸に行きます。小川に沿った道を、もと来た方向に少し戻った地点で、古代芝生広場の南斜面を下から観察します。

ここでは、高木層に、**コナラ**が点々と見られます。人が植えたものであろうスギも混じっています。

ここで注目すべきなのは、亜高木層には、細い**シラカシ**が密生していることです。階層構造はあまり発達しておらず、亜高木層～低木層はほとんど**シラカシ**です。高さは7～8mほどで、ヒョロヒョロと密生しています。

この樹林は、今まで見た、**シラカシ**が侵入する**コナラ**、**クヌギ**林から、さらに遷移が進み、亜高木層と低木層を**シラカシ**が優占した段階です。**コナラ**や**クヌギ**が、まるで**シラカシ**に追い詰められているように見えませんか。

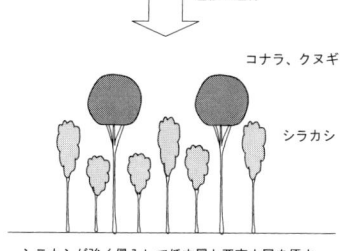

コナラ、クヌギ林へのシラカシの侵入

⑤シラカシ林（貴重な台地本来の森）

　湿性植物園経由で子供広場に向かいます。木道が整備されて歩きやすい道で、進行方向左手に立派な**シラカシ**林を眺めながら歩くことができます。古代芝生広場の北斜面と東斜面の**シラカシ**林を、谷底から見上げていることになります。シラカシは、関東地方本来の自然植生の一つで、もし人の手が加わらなければ、台地や丘陵に多く見られたであろう樹木です。まとまったシラカシ林はほとんど残っていないため、このシラカシ林は貴重な文化財でもあります。

　高木層と亜高木層は、**シラカシ**がとても多く、直径30cm以上のものもよく見られます。樹高も20m以上あるものが多いようです。**コナラ**はあまり見あたりません。斜面下部ではミズキも見られます。低木層はシラカシの稚樹のほか、**アオキ、シロダモ、ヤツデ**などの常緑樹が多く、落葉樹では**ムラサキシキブ**などが混じります。草本層にはシダ類が点在し、林床はかなり暗くなっています。

　地面に近い林床をよく見ると、シラカシの後継樹が育っています。これを見ると、今後も安定して**シラカシ**林が維持されるように思えます。

　遊歩道は谷戸を通っています。歩道の脇には、谷戸などの湿地に多い**ハンノキ**や、水分条件のよい斜面の下部によく生育する**ケヤキ**を見ることができます。

都市化と遷移の進行

　これまで見てきた東高根森林公園内の樹林は、遷移の進行状況により、次の4つの段階に分けられます。

　ⓐ**コナラ、クヌギ林**（地点①のピクニック広場の南斜面）
　ⓑ**シラカシが侵入しつつあるコナラ、クヌギ林**（地点②のピクニック広場の北斜面と東斜面）
　ⓒ**シラカシが強く侵入したコナラ、クヌギ林**（地点④の古代芝生広場の南斜面）
　ⓓ**シラカシ林**（地点⑤古代芝生広場の北斜面と東斜面）

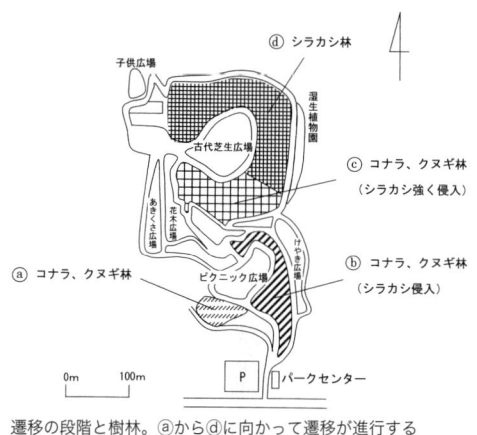

もちろん、もともと**コナラ、クヌギ林**が雑木林として利用されていた時代からシラカシが混じっていた可能性もありますが、基本的には、遷移は、ⓐ→ⓓへ向かって進行しているようです。ⓐ〜ⓒの樹林も、やがて**コナラやクヌギ**が少なくなり、ⓓのシラカシ林（遷移の最終段階つまり極相林）になるものと思われます。

遷移の段階と樹林。ⓐからⓓに向かって遷移が進行する

　鳥などの動物に種子の散布をたよる**シラカシ**は、風で種子を散布させる樹木のようには種子を遠くまで散布することはできません。東高根森林公園で**シラカシ**が分布を拡大し、**コナラ林**に侵入し、遷移を着実に進行させているのは、種子の供給源である母樹がたくさん存在する**シラカシ林**がすぐそばにあるからこそでしょう。母樹がない場合、宅地や道路で分断された都市域の島状の林地では、**シラカシ**の侵入といった遷移の進行は難しいでしょう。都市域に島状に残された樹林地を保全するには、そのような種子の移動の難しさも考慮する必要があります。

⑥古代芝生広場の東縁（地点⑤を上から眺める）

　遊歩道は谷戸の奥で、ジグザグの坂道になり、子供広場に着きます。子供広場から宅地のへりを通って、古代芝生広場へ入ります。古代芝生広場は、台地上の平坦地です。古代芝生広場を一周してみましょう、古代芝生広場の東縁では、東斜面の**シラカシ林**の樹冠を眺めることができます。

シラカシ林。樹齢150年以上といわれる。川崎という大都市でこの樹林が残っているのは驚異だ

⑦古代芝生広場の南縁（地点④を上から眺める）

　古代芝生広場の南縁からは、南斜面の樹冠を観察できます。ここは、東斜面と異なり、高木層は主に**コナラ**で、亜高木層〜低木層には、強く**シラカシ**が侵入しています。ここは、地点④の樹林を上から眺めていることになります。

⑧見晴台（地点④を横から眺める）

　古代芝生広場の縁を一周し、花木広場への通路を辿ります。花木広場には展望のよい見晴台があります。見晴台の北縁では、先ほど見た古代芝生広場の南斜面を横から眺めることができます。

　見晴台からはピクニック広場を経由しても、谷戸の道を経由しても、正面入口に戻ることができます。

台地はどのように利用されてきたのか？

　東高根森林公園は、下末吉台地という台地にあります。下末吉台地は、約13万年前の間氷期（暖かい気候の時代）に北極や南極の氷が溶けて海面が上昇し（下末吉海進とよばれる）、浅い海底に堆積した地層が、その後、隆起してできた台地です。この下末吉台地の上には、厚さ15mほどの火山灰（関東ローム）が堆積しています。下末吉海進以降は、より寒い時期（氷期）が続いたので、海面は低下し（海退とよばれる）、東京湾は干上がり、河川は急勾配になり、台地は侵食されて、谷が刻まれました。その後再び暖かい気候になると、谷底が広がって、「谷戸」といわれる谷底の平坦地が形成されました。こうして、「台地面」、「斜面」、「谷戸」という地形の組み合わせができたのです。関東地方では一般的に、乾燥した台地面は畑に、斜面は雑木林（薪や肥料用の落ち葉を取るために利用された樹林で、二次林、薪炭林、農用林ともいう）、水はけの悪い谷戸は水田という土地利用が行われてきました。東高根森林公園のシラカシ林は斜面に残存しており、いわゆる雑木林としては利用されずに、木材として利用するために植えられたか、もともとの植生が自然のままに放置されてきた場所だと思われます。

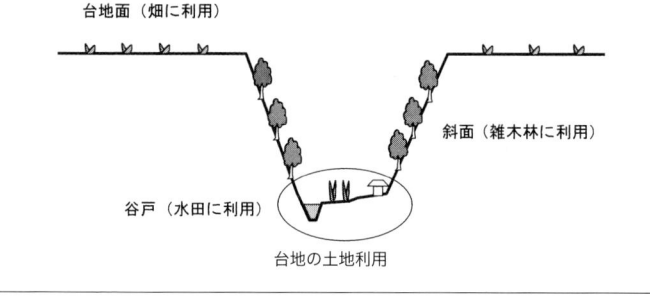

台地の土地利用
- 台地面（畑に利用）
- 斜面（雑木林に利用）
- 谷戸（水田に利用）

4 高尾山
わが道をゆく樹木たち

　高尾山は、関東山地の南東に位置する標高599mの山です。東京都八王子市にあり、都心から近いにもかかわらず、豊富な自然が残っているため、家族連れを含め多くの人々が訪れる人気のコースです。

　高尾山のかなりの部分は、真言宗智山派大本山である高尾山薬王院の寺域であったことや、「明治の森高尾国定公園」に指定されたことから、長い間、天然の森林が保護されてきました。ここは大都市近郊でありながら、植物の種類の多さでは日本でもトップクラスの場所です。しかも山全体で7つの自然研究路が整備され、自然の観察には最適の場所です。自然研究路では樹木に名前が書いてあるプレートが付いていて、木の名前を覚えながら歩くこともできます。

　高尾山はそれほど大きくない山ですが、場所によって樹木の住み分けが見られます。つまり、尾根、谷、斜面では、それぞれ違った種類の樹木が生えているのです。隣り合った斜面でも、北斜面と南斜面では、また違った樹木が生えています。ですから、このコースでは、次々と植生が変化していく様子を楽しむことができます。

みどころ
- ●尾根の森（モミ林）
- ●渓谷の森
- ●斜面（北斜面）の森（イヌブナ林）
- ●斜面（南斜面）の森（アカガシ、ウラジロガシ林）
- ●ブナの姿とその将来
- ●イヌブナやフサザクラの生命力

コース　JR高尾駅→（バス）→日影バス停→①日影沢→②日影沢林道上→③尾根上の休憩用ベンチ→④4号路つり橋→⑤ケヤキ、カエデ林→⑥イヌブナ林→ウッディキャビン→⑦アカガシ、ウラジロガシ林→琵琶滝→京王線高尾山口駅

歩行時間：3時間

コース案内図と地形図

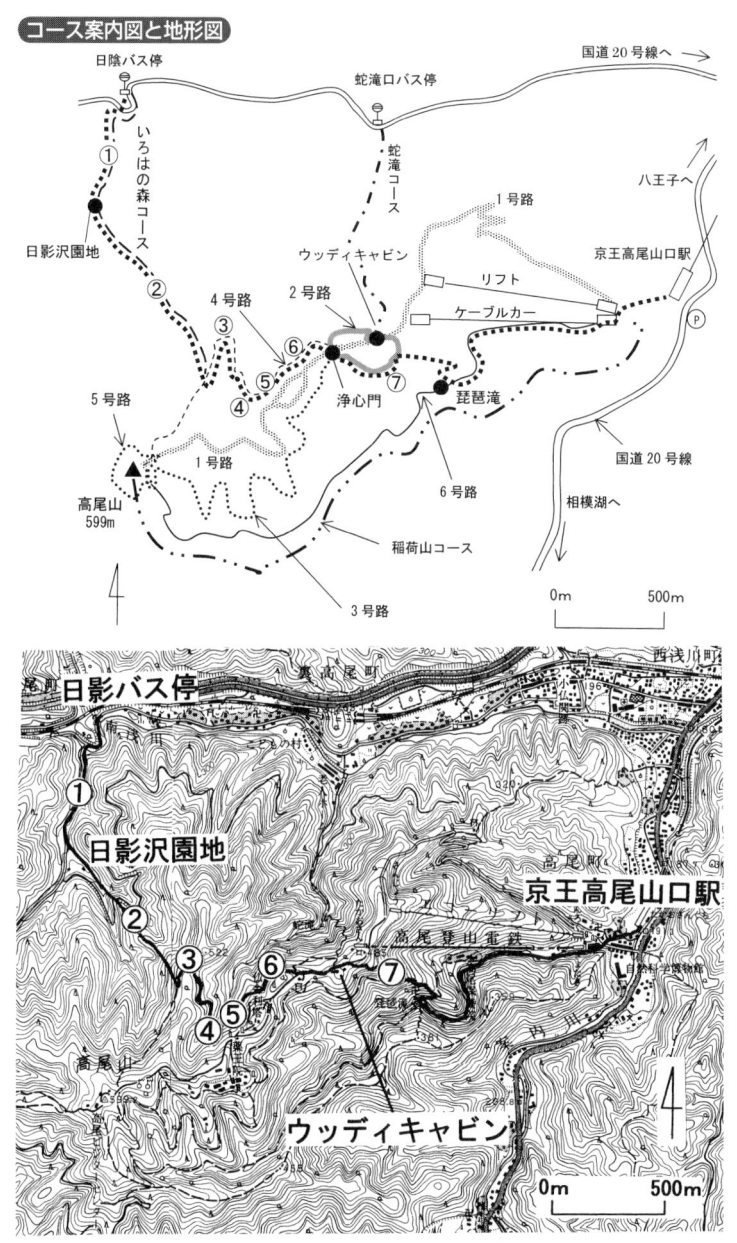

日陰バス停
蛇滝口バス停
国道20号線へ
いろはの森コース
蛇滝コース
日影沢園地
1号路
ウッディキャビン
八王子へ
京王高尾山口駅
リフト
ケーブルカー
4号路
2号路
5号路
浄心門
琵琶滝
高尾山 599m
1号路
6号路
国道20号線
相模湖へ
稲荷山コース
3号路
0m 500m

日影バス停
日影沢園地
京王高尾山口駅
ウッディキャビン
0m 500m

国土地理院発行2万5000分の1地形図「八王子」と「与瀬」を使用

33

高尾山

主な樹木　尾根：モミ、カヤ（以上、常緑針葉樹）
谷：ケヤキ、イタヤカエデ、イロハモミジ、フサザクラ、アブラチャン、イイギリ、カラスザンショウ、アカメガシワ、コクサギ、タマアジサイ、ウリノキ（以上、落葉広葉樹）
北斜面：イヌブナ、ブナ、アワブキ、シラキ、ホオノキ、ハリギリ、ムラサキシキブ、マルバウツギ（以上、落葉広葉樹）
南斜面：アカガシ、ウラジロガシ、アラカシ、ヤブツバキ、アオキ、ヒサカキ、ヒイラギ、シロダモ（以上、常緑広葉樹）

①日影沢（沢沿いを好む樹木）
　　　ひかげさわ

　日影バス停から、南浅川沿いに小仏峠方面に少し歩くと、左手に小さな橋がありそれを渡ると日影沢林道です。付近はカツラの植林地です。林道は日影沢に沿っており、**アブラチャン**、**フサザクラ**、**コクサギ**といった沢沿いに生息する樹木が目につきます。せせらぎを聞きながら歩くと20分ほどで日影沢園地に着きます。

②日影沢林道上（多様なモミ林）

　日影沢園地から、自然研究路の「いろはの森コース」に入ります。しばらく沢沿いに歩いて、日影沢林道を横切ると、**モミ**の大木が目立ち始めます。ここは小さな尾根の上で、とくにモミは尾根上部から斜面の中ほどにかけてよく生えています。

　この**モミ林**のみどころは、**モミ**、常緑広葉樹、落葉広葉樹が入り混じった多様さにあるといっていいでしょう。高木層〜亜高木層には、**モミ**の大木が見られ、**アラカシ**と**ウラジロガシ**が混じります。基本的にはモミを含む常緑広葉樹林ですが、落葉広葉樹もよく混じります。落葉広葉樹としては、**ミズキ**、**アワブキ**、**ホオノキ**、**トチノキ**、**シラキ**、**アオハダ**などが生えています。このほかにも**オオモミジ**、**ヤマボウシ**、**ウワミズザクラ**、**カゴノキ**、**サワシバ**なども見られます。高木層〜亜高木層は、いろいろな種類の木が生えているので、それぞれの木の高さがまちまちで林冠が凸凹しています。種

類が豊富なのは、小さな尾根とはいえ、比較的沢に近いので、沢や斜面の下の方に好んで生育する木も侵入してきているのでしょう。

　低木は、高木の稚樹（モミ、アラカシ、ウラジロガシ）や、**アオキ、シロダモ、ヒサカキ**などの常緑樹が多く、このほか、**ムラサキシキブ、シラキ**なども生えています。それ以外にも、アブラチャン、ハナイカダ、キブシ、ダンコウバイ、アワブキなど落葉樹も多く、木の種類は多様です。

　モミは低地でも生育しますが、落葉広葉樹林帯と常緑広葉樹林帯の境界にとくによく見られ、しばしば落葉広葉樹や常緑広葉樹と混じり合います。そういった場所でも樹木の種間の生存競争は激しいのですが、**モミ**は競争力が弱いため、尾根上や斜面上部の乾燥した場所に追いやられていることが多いといわれます。モミは乾燥に耐える力が強いのです。樹木がどのような場所に生えているかを注意すると、その性格が見えてきます。

③尾根上の休憩用ベンチ（モミと常緑樹の森）

　植林地の中をさらに登り、いろはの森コースから4号路に入って、浄心門方向に向かいます（時間に余裕があればここから山頂を往復してもよいでしょう。山頂には高尾山の自然を解説してくれるビジターセンターもあります）。

　しばらく歩くと、道が尾根を回りこむ所で休憩用のベンチがあります。この尾根の西側斜面では、植林地の間に、**モミ**林が見られます。ここは、丸みを帯びた尾根の上で、関東ロームが厚く堆積しており、岩盤は露出していません。

　そして、先ほどの多様なモミ林と違って、モミ以外の樹木の種類が少ないようです。モミ以外には常緑樹が多く、**アカガシ、シラキ、ヒイラギ、アオキ、ミヤマシキミ、シロダモ**などが見られます。地点②のモミ林よりも樹木の種類が少ないのは、より乾燥しているためでしょう。

④4号路のつり橋(渓谷の木々を見渡せる好ポイント)

　モミの生えている尾根を回りこんで、東向きの斜面を下っていくと、渓谷に近づいてきます。4号路つり橋の手前の、渓谷に沿った斜面には**イヌブナ**に混じって、**ケヤキ**や**イイギリ**、**イロハモミジ**が見られます。これらは斜面の下の方によく見られる樹木です。この斜面は、後で対岸から見ることができます。尾根の上と違って、渓谷に近い斜面の下部は侵食が激しく、道の脇に小仏層とよばれる岩盤が露出し始めます。やがて前方につり橋が見えてきます。

　4号路のつり橋は、谷底の植生を眺めるにはもってこいの場所です。

　つり橋から、谷底を覗いてみましょう(高い所が苦手な方は、橋を渡りきって川岸からどうぞ)。谷底の沢に近い所では**フサザクラ**が多く、このほか、**アブラチャン**、**ミズキ**、**タマアジサイ**、**ウリノキ**、**アオキ**がよく見られます。これらの種はそのほとんどが、谷筋で生育することを得意としています。

　つり橋から上流側と下流側の斜面を双眼鏡で眺めてみましょう。斜面には、高木として**カラスザンショウ**、**イイギリ**、**イタヤカエデ**、**イロハモミジ**などが見られます。これらの木も、土砂が移動しやすい斜面の下部や沢沿いに多く生えている樹木です。

渓畔のフサザクラなどの樹木。つり橋から谷底を見てみよう

フサザクラの生存戦略

急斜面のフサザクラ。斜面の上側の根元から盛んに萌芽枝を出している

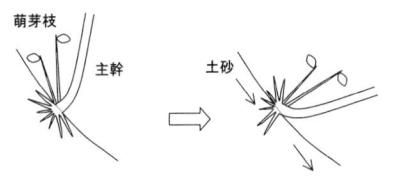

萌芽枝
主幹
土砂移動前

土砂
土砂が移動し、木が倒れる

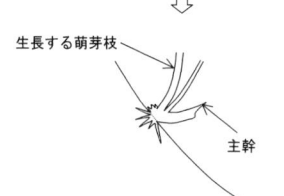

生長する萌芽枝
主幹
主幹は枯れるが萌芽枝により再生する

フサザクラの再生

　フサザクラは、タマアジサイとともに沢に多く見られる木です。沢の付近の斜面は、土砂の侵食や堆積が激しく起こります。フサザクラは土砂が移動して倒れかけても、太い根を何本も張り巡らせているので斜面の下側の根が生き残ることができます。また、根元から萌芽枝をたくさん出しているために、それらの枝うちの斜面の上側の幹が大きく育って、再生します。アブラチャン、マルバウツギ、チドリノキなどもこのような能力をもっています。沢沿いなどで注意して見ていると、傾いたフサザクラが根元から萌芽枝を出しているのを、あちこちで見ることができます。

高尾山

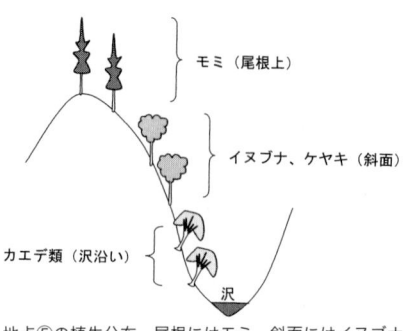

地点⑤の植生分布。尾根にはモミ、斜面にはイヌブナ、ケヤキ、沢沿いにはカエデ類が目立つ

⑤ケヤキ、カエデ林（樹木の住み分け）

次の観察ポイントは、樹木の「住み分け」を見ることができる斜面です。つり橋を渡って100m位歩くと、樹木の隙間が開いていて、対岸の斜面がよく見える場所があります。双眼鏡で対岸を見ると、斜面の上部には**モミ**が、斜面の中部には**イヌブナ**や**ケヤキ**が、斜面の下部（沢に近い場所）には**カエデ類**（**イロハモミジ**や**イタヤカエデ**）が多いことがわかります（図参照）。**ハリギリ**や**ホオノキ**も点在しています。

双眼鏡だと**ケヤキ**と**イヌブナ**が見分けにくいですが、樹皮に注意してみましょう。**ケヤキ**は樹皮が平滑で斑状に剝げ、**イヌブナ**は、樹皮が黒っぽくイボ状の突起があります。**イヌブナ**は**ブナ**と名前が似ていますが、違う種類の木で、**ブナ**は樹皮が白いので別名シロブナともよばれます。**ケヤキ**の葉はやや乱雑な感じで垂れ下がり、樹冠から細い枝が飛び出しています。

斜面の上部（尾根）と、斜面の中ほど、沢沿いといった場所は、それぞれ土壌の乾燥度や土砂の安定性が異なるため、樹木の住み分けが行われていることがよくあります。一般的にいって、モミは乾燥に強く尾根上によく出現します。ケヤキやカエデ類は、土壌が比較的厚く、水分条件がよい斜面の中部から下部でよく出現する傾向があります。

⑥イヌブナ林（種類豊かな落葉広葉樹林）

次は、渓谷を離れて、斜面の**イヌブナ**林を歩きましょう。つり橋から4号路を辿っていくと、1号路との合流点までは北斜面で、**イ**

イヌブナ林。さまざまな落葉広葉樹が見られる多様な森

ヌブナが優占する落葉広葉樹の樹林です。落葉樹のため、森の中は明るい感じです。

このイヌブナ林では多様な植生を楽しめます。

イヌブナは、モミと同様に、常緑広葉樹林と落葉広葉樹林の境界によく見られる落葉樹です。イヌブナのほかにも、モミ、カヤ、アカガシ、ウラジロガシ、ホオノキ、アワブキ、シラキ、シデ類などが混じります。このほかにも、ケヤキ、イタヤカエデ、サワグルミ、ヤマザクラ、ハリギリ、イイギリ、カラスザンショウなど多くの種類の木々に出会うことができます。また、局地的には、アカガシが優占している斜面もあります。低木層も、豊かな植生です。低木層には、アオキ、ヒイラギ、ヒサカキ、ムラサキシキブ、マルバウツギ、タマアジサイなどが見られます。さらに、モミやウラジロガシの稚樹も生えています。草本層は、ジャノヒゲ、シダ類、テイカカズラ、アカショウマ、ハエドクソウ、ミズヒキ、シャガなどが見られます。

ここでイヌブナの根元をよく見てみましょう。

イヌブナの根元を見ると、萌芽枝がたくさん出ているものがあります。フサザクラと同様にイヌブナは萌芽力が強く、土砂の移動が

高尾山

あるような斜面でも生きのびています（**ブナ**にはそれほど萌芽力はなく崩壊しやすい斜面は苦手のようです）。万が一土砂の移動により主幹が倒れても、根元からたくさん出ている萌芽枝のいくつかが生長して新たな主幹となり、生きのびることができるわけです。

　道の脇を見ると、所々に小仏層の岩盤が露出していて、その上に、角ばった石が混じった関東ロームが50cm位堆積しています。この土砂は長い年月をかけて、ゆっくりと斜面を下方に移動しているものです。この現象を「匍行（ほこう）」といって、山の斜面に堆積した土砂が、凍結と融解などにより膨張と収縮を繰り返す時、土の粒子がもとの位置に戻らず、重力の力で斜面の下方向に移動するために起こります。匍行現象が激しい場所では、斜面上に生えている木の根元が曲がったりします。**イヌブナ**の根元が曲がっていて、盛んに萌芽を出しているとすると、このような土砂の移動が激しい場所なのでしょう。

　道の脇で時々見られる関東ロームの地層が厚くなってきました。尾根の上が近いようです。やがて4号路は、尾根の上に出て、浄心門がある所で1号路に合流します。もう少し**イヌブナ**を見たければ、2号路を通って、ウッディキャビンの所で1号路に合流してもいいでしょう。

イヌブナの萌芽。根元から盛んに枝を出している

暖かい高尾山になぜイヌブナ林があるのか？

　高尾山は標高600m位なので、気候的には常緑広葉樹林帯（800m位以下に分布する）に含まれますが、なぜ北斜面では、イヌブナなどの落葉広葉樹林となっているのでしょうか？　これにはまず、北斜面は低温で日当たりが悪い、土壌が凍結するという気候的な理由があります。それだけではなく、過去の研究では、地盤の崩れやすさの違いも、樹木の住み分けの原因だったとされています。高尾山の土台となっている小仏層は割れ目が多い地質です。北斜面では岩の割れ目に入った水が凍り、岩を砕くため、岩がバラバラになりやすく、崩れやすいのです。このため、本来北斜面でも生育できるはずの常緑広葉樹が侵入できなかったということです。

　つまり、斜面方向による植生の違いは、気温や日当たりの違いだけでなく、気候により生じた地盤条件（崩れやすさなど）の違いも原因になっているといえます。

　小仏層は、1億3千万〜7千万年前というかなり古い時代に、遠方の海底に堆積した地層が、太平洋から移動してきたプレートに乗って来たもので、日本列島の骨格をつくっている地層です。移動してきたプレートはユーラシア大陸の下に沈み込みましたが、小仏層の部分は軽いために沈み込めずに大陸にくっついたものです。その後、フィリピン海プレートに乗って北上してきた伊豆半島が本州側に衝突し、この影響で高尾山を含め関東山地が隆起しました。世界でも有数の造山帯で、プレートの境界付近にある日本の山の岩盤は、地殻変動によって、激しく割れ目が入っているといわれています。

⑦アカガシ、ウラジロガシ林（低山の本来の森）

　次のみどころは南斜面の常緑広葉樹林です。

　その前に、高尾山では希少な**ブナ**の木を見ておきましょう。

　浄心門から1号路を東（ロープウエーの方向）に下ります。少し歩いた所で、左手（北斜面）に**ブナ**の巨木が1本立っています。高尾山には、樹齢200〜300年の**ブナ**の大木が、少ないながらも残っています。冷涼な気候を好む**ブナ**が高尾山にあるのは不思議な気がしますが、これは今から200〜300年前の小氷期（現在よりやや寒かっ

た時期)の遺物ではないかと考えられています。その後、地球は温暖化して、冷涼な気候を好む**ブナ**の生育にとっては、現在の高尾山は暑すぎる場所になりました。そのせいか高尾山の**ブナ**はあまり元気がないようです。

しばらく進むと、ログハウス(ウッディキャビン)があります。ウッディキャビンの前には休憩用のベンチがあるので、一休みしましょう。1号路を横切って、琵琶滝へ下りる道を下り始めると、とたんに森の雰囲気が変わってきます。

高尾山は、北斜面では**イヌブナ**などの落葉広葉樹が優占しますが、一方で、南斜面では、**ウラジロガシ**、**アカガシ**、**アラカシ**といった常緑広葉樹が優占するという興味深い場所です。北斜面と南斜面の森の雰囲気がどのように変化するかを味わってみましょう。

ウッディキャビンから琵琶滝までの南斜面は、**アカガシ**や**ウラジロガシ**の常緑広葉樹林が分布しています。葉の厚い常緑広葉樹が多いため、森の中はやや暗い感じです。これらの樹木は関東地方の内陸の低山の本来の森です。人の手が加わらないならば、関東の低山にはこれらの木の樹林がもっと広がっているはずです。

高木層では、**アカガシ**が多く、**アラカシ**と**ウラジロガシ**といった常緑広葉樹、さらに**モミ**や**カヤ**といった針葉樹も混じります。落葉広葉樹では、**イタヤカエデ**や**イヌシデ**などが混じります。低木層には、**ヤブツバキ**、**アオキ**、**アラカシ**、ア

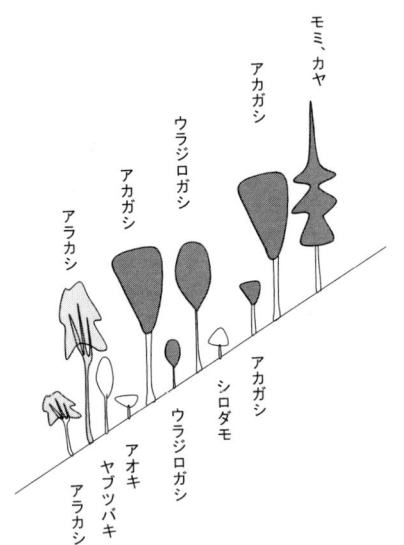

南斜面の森の構成。カシ類(アカガシ、ウラジロガシ、アラカシ)が多い

カガシが多く、**ウラジロガシ**、**シロダモ**、**マルバウツギ**なども生えています。草本層には、ジャノヒゲ、テイカカズラ、キヅタなどが見られます。

常緑広葉樹の高木の後継樹や**ヤブツバキ**などの低木がよく生えていて、階層構造が発達していますが、**イヌブナ林**よりは、樹種の多様性が乏しいようです。カシ類は種から芽生えた実生の低木もよく見られますが、根からもよく萌芽しており、安定して世代交代しているものと思われます。

斜面の傾斜によっても、植生が異なる傾向があります。尾根筋の関東ロームの厚い緩傾斜の場所に大木が多く、急傾斜の岩が露出しているような斜面では、大木が少なく、高さ3～8m位の細いカシ類やヤブツバキが密生することが多くなっています。また、この尾根はほぼ東西にのびており、やはり、尾根の南側は常緑広葉樹が、尾根の北側は落葉広葉樹が多い傾向があります。

琵琶滝へ下りる手前でお地蔵さんがあり、ケーブルカーの清滝駅への近道との分岐点になっています。分岐点から琵琶滝までの短い区間は、沢に近い斜面の下部にあたる急斜面です。先ほど下山してきた分岐点までの斜面よりもさらに急で、岩盤は露出し、地表の土壌が移動しやすい場所です。この急傾斜地では、**アラカシ**の低木～亜高木が多く、また、**アカメガシワ**や**イイギリ**も見られます。これらは、土砂移動の激しい斜面によく見られる種です。

琵琶滝に下りると、沢沿いに歩きます。アカメガシワ、アブラチャン、ヤマグワ、フサザクラ、コクサギ、タマアジサイ、オニグルミといった沢によく見かける樹木が続きます。小仏層の粘板岩や砂岩の露頭を見ながらしばらく歩き、人家が見え始めると、まもなくケーブルカーの清滝駅に到着します。

5 大山(おおやま)
標高とともに移り変わる植生の垂直変化を楽しむ

大山南東斜面の崩壊地とモミ林。中腹の色の濃い部分がモミ、頂上付近には崩壊地が見える

　大山は、丹沢(たんざわ)山地の東部にある標高1252mの山です。山の形は美しいピラミッド型で、丹沢山などの山々ともに丹沢大山国定公園に指定されています。古くから山岳信仰や雨乞い信仰の対象とされ、山頂に阿夫利(あふり)神社本社、中腹に阿夫利神社下社(しもしゃ)、大山寺が建っていて、多くの参詣者やハイカーで賑わっています。

　阿夫利神社の神域であったこともあり、大山の南東斜面には、標高400～1000mにかけて、荘厳な気品の漂うモミの原生林が保存されています。このモミは樹齢200年を越え、神奈川県の天然記念物や「かながわの美林50選」にも指定されています。

　丹沢山地は、標高が1700m以下なので、シラビソやコメツガなど

コース案内図と地形図

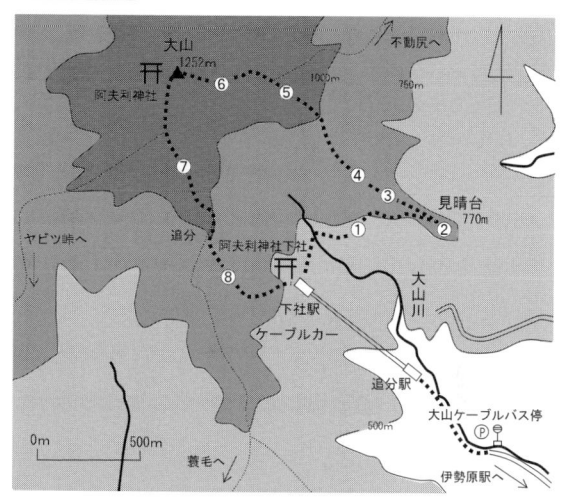

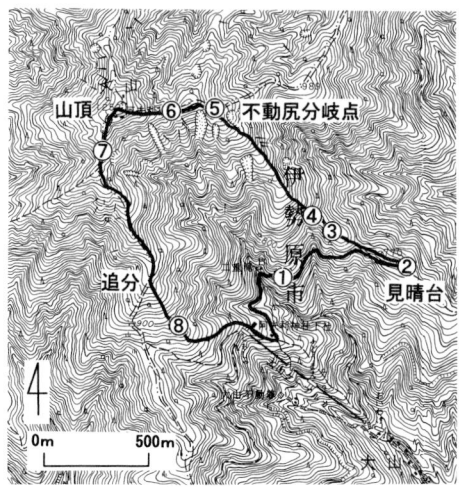

国土地理院発行2万5000分の1地形図「大山」を使用

コース 小田急伊勢原駅→(バス)→大山ケーブルバス停→ケーブルカー追分駅→(ケーブルカー)→ケーブルカー下社駅→①モミの原生林→②見晴台→③見晴台上→④伐採地上→⑤不動尻分岐点周辺→⑥平坦地→山頂→⑦山頂〜追分→追分→⑧追分〜下社→ケーブルカー下社駅

歩行時間:3時間30分

の亜高山に分布する常緑針葉樹林は見られませんが、標高800m付近を境にして下が**常緑広葉樹林**、上が**落葉広葉樹林**と、2つのタイプの森林を歩くことができます。

このコースでは、**アカガシ**や**ウラジロガシ**の深々とした**常緑広葉樹林**から、ある標高を越えると、**ブナ**などの明るい**落葉広葉樹林**へと移り変わっていくところに、まるで国境を越えるようなおもしろさがあります。そして、その境界付近には、閉じ込められたように**モミ**が分布しているのです。

大山にはケーブルカーがあり、これを利用すれば標高差は600mほどになり、時間的な余裕ができます。ぜひこのコースで、**モミ**の原生林の気品に触れ、標高が高くなるにつれて植生が変わっていくこと（**植生の垂直変化**）を体感して下さい。なお、腕時計に付いているタイプの高度計を持っていたら、標高を知るのにとても便利です。

みどころ
- 気品漂う神域のモミ林
- 標高とともに変わる植生
- 波打つ植生の境界
- 関東大震災と丹沢の森
- 低山本来の森の姿（アカガシ、ウラジロガシ林）
- さわやかなミズナラとリョウブの森

主な樹木
常緑広葉樹：アカガシ、ウラジロガシ、アセビ、シキミ、ヒサカキ、ヒイラギ

落葉広葉樹：ミズナラ、ブナ、ヤマボウシ、イロハモミジ、イタヤカエデ、ケヤキ、クマシデ、アブラチャン、マユミ、カマツカ、シラキ、ヤマハンノキ、ムラサキシキブ、マルバウツギ

常緑針葉樹：モミ、カヤ

阿夫利神社下社より望むモミ林。見晴台からもよく見える

①モミの原生林

　小田急線伊勢原駅からバスに乗り、「大山ケーブル」バス停に着くと、そこから、ロープウエーの追分駅まで道の両脇にみやげ物屋や旅館が並んでいます。追分駅からはロープウエーを利用すると、約6分で終点の下社駅に着きます。下社駅のすぐ上が阿夫利神社下社です。

　神社の階段の下にある売店脇に、二重滝方向へ向かう道の入口（階段）があります。この階段を下りていきましょう。しばらく歩くと社（二重社）と二重滝があります。このあたりから、**モミ**の原生林が南向きの斜面に広がります。標高は約700mです。**モミ**の原生林とはいっても、森のすべての木が**モミ**というわけではなく、**モミ**と**アカガシ**などの常緑広葉樹が混じりあった森です。

　どのような木があるかゆっくり観察してみましょう。樹林には階層構造が見られ、高木層〜亜高木層には**モミ**の大木や**アカガシ**が多く、**ウラジロガシ**も混じります。モミはどっしりと風格があり、その樹齢は、200〜250年と、かなり高齢だそうです（一般にモミの寿命は100〜200年と比較的短い）。落葉広葉樹は少ないのですが場所により、**ミズナラ**、**シラキ**、**イロハモミジ**、**イタヤカエデ**がさまざまな高さに生い茂っています。針葉樹では**モミ**のほかに**カヤ**が見られます。低木層は、**シキミ**、**ヒサカキ**、**ヒイラギ**といった常緑樹に、

大山

モミ原生林。モミの稚樹があまり見あたらない

ムラサキシキブ、マルバウツギ、シラキなどの落葉樹が混じっています。アオキはあまり見あたりません。

さて、この森の将来はどうなっているのでしょうか？ 林床を眺めて、高木の稚樹を探してみましょう。林床植生はあまり豊富ではありませんが、**アカガシ、ウラジロガシ**の稚樹がよく見られます。さらに、この**モミ**林で特徴的なことは、**モミ**の稚樹がほとんど見られないことです。この**モミ**林では若い世代の**モミ**が育っていないようです。このため、将来的にはアカガシなどの常緑樹が優占する樹林に変化していくのではないでしょうか。

この斜面は急傾斜地で、場所によっては傾斜が40°以上あり、侵食が激しく、至る所で岩盤が露出しています。とくに、沢状の場所は土砂の移動が激しいと見えて、大木はほとんど見られません。モミは、土砂の移動が激しい、乾燥した斜面でもよく耐えることができます。モミがこの場所にまとまって生育できたのは、斜面が急傾斜であり、その悪条件ゆえに競争者が少なかったからかもしれません。また、今見られるモミが芽生えた200〜250年前は現在よりやや冷涼な気候であったため、競争相手の常緑樹が侵入しにくかったのかもしれません。

モミは生き残れるか？

　モミの稚樹はかなり耐陰性が強いといわれますが、先に述べたように現在、モミの後継樹は少なく、アカガシなどの後継樹の方がよく生育しています。

　現代は、モミにとっては受難の時代のようです。

　そもそもモミのような温帯に分布する針葉樹は、今から2万年位前の氷期には、勢力が強く、関東地方の低地に広く分布していました。その後、氷期が終わり、1万年位前から温暖化してくると、関東地方の南岸から競争力の強い常緑広葉樹が分布を広げ始めました。そして、何千年もかけて徐々に、モミを標高の高い場所に追いやっていったようです。

　より標高の高い所は寒い上に、競争力の強いブナやミズナラが侵入して居座っています。その結果、常緑広葉樹林帯と落葉広葉樹林帯に挟まれた、境界部分（中間温帯あるいは中間帯ともいう）に、モミは追い詰められてしまっているらしいのです。しかも、多くは尾根筋や急斜面などの条件の悪い場所に、です。

　また、モミの若い世代があまり育っていないのは、大気汚染の影響もあるといわれます。大山のモミ林も、下から追い上げてくるアカガシやウラジロガシに追い詰められて、さらに、人間の出す汚染物質に責められて、最後の砦に立てこもっているように見えないでしょうか。

②見晴台（波打つ植生の境界）

　しばらく斜面を横切るなだらかな道を登っていくと、見晴台（標高770m）に着きます。見晴台にはベンチがあり、よい休憩場所になっています。大山山頂の方向を見ると、山頂の直下には関東大震災でできた崩壊地（赤土と礫が露出している）が見えます（次ページ図参照）。これらの崩壊地の多くは断層に沿って生じているそうです。多くの断層が山全体に走っているのでしょう。

　ここで、ベンチの所から、斜面の向きによって、植生がどう異なるのかを観察しましょう。双眼鏡を使って、まず**モミ**の見られる尾根（次ページ図の①）を見て下さい。これから登ろうとしている尾根の上に、**モミ**が分布しているのがわかると思います。双眼鏡での

大山

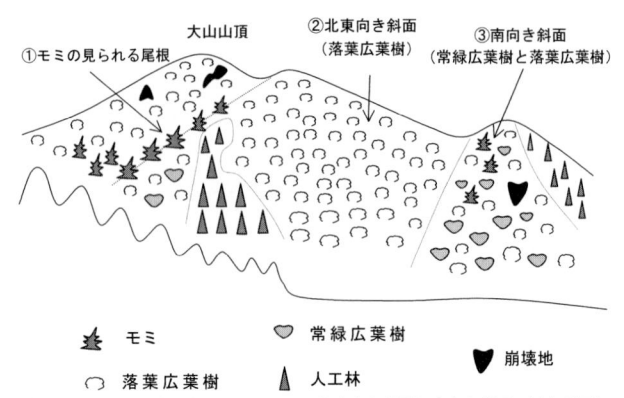

見晴台から見た大山山頂方面のスケッチ。北東向き斜面と南向き斜面で植生が異なる

ぞくと尾根筋に背の高い**モミ**の樹冠が飛び出しているのがよく見えます。さて、双眼鏡の先をその右側の斜面（北東向き斜面、図の②）に移して下さい。その斜面は、落葉広葉樹に覆われています。モミはあまり見あたりません。さらに視線を右に移して、その右側の南向き斜面（図の③）に移しましょう。その南向き斜面には、落葉広葉樹と常緑広葉樹が混じっています。とくに斜面の下部では常緑広葉樹が多くなっています。

このような景観を見ると、落葉広葉樹林と常緑広葉樹林との境界あたりの標高の場所では、隣り合った斜面でも、南向き斜面と北向き斜面では、植生が異なることがわかります。その境界線は、南斜面で高く、北斜面で低く、つまり波状になるようです。

③見晴台上（常緑のモミ、アカガシ林）

見晴台から大山頂上に向けてしばらく登っていくと、道がジグザグになって、**モミ**と**アカガシ**の樹林になります。高木層～亜高木層は、**モミ**、**アカガシ**が多く、**アラカシ**、**ウラジロガシ**が混じります。常緑広葉樹が主体ですが、このほかにも**イロハモミジ**、**ケヤキ**、**イヌシデ**などの落葉広葉樹が多く混じります。だんだんと落葉樹林帯

アカガシなどの常緑広葉樹林

に近づいているのでしょう。低木層は、**アブラチャン**、**アセビ**が目立ちます。

　常緑広葉樹が生えている斜面を見ると、沢状の窪んだ斜面では、細い木のみ生えているか、まったく木が生えていないことが多いようです。こうした場所では岩が露出しているのが見られます。沢状の斜面は、雨が降ると水が集まって流れるため、土壌が流されて薄くなっていたり、土砂が移動しやすいのでしょう。

④伐採地上（常緑広葉樹林帯と落葉広葉樹林帯の境界）

　標高800m近くに、伐採跡地があり、休憩用のベンチがあります。このあたりが、この尾根における常緑広葉樹林帯と、落葉広葉樹林帯の境界です。せっかくですから、2つの樹林帯の境界を通過することを体で感じましょう。

　だんだん目につく樹木は、落葉広葉樹がほとんどになってきます。ただし、**アセビ**と**シキミ**は常緑広葉樹ですが、よく見られます。

　ベンチの周辺には、**モミ**が多いのですが、低木層には**アセビ**や**シキミ**が多く、**モミ**の稚樹はほとんど見られません。この尾根では、モミは標高1000m位まで分布しています。

リョウブとヤマボウシの森。高い木は少ない

⑤不動尻分岐点周辺（落葉のヤマボウシ、リョウブ林）

　標高1000m位から、不動尻へ下りる道との分岐点（標高1120m）を経て、標高1170mの平坦地までのあたりは、比較的細い木が多い落葉広葉樹林です。樹木の背の高さに注意してみましょう。

　登山道から落葉樹林を見ると、高木層〜亜高木層は、**リョウブ**、**ヤマボウシ**が主体で、**ケヤキ**、**イタヤカエデ**、**クマシデ**などが混じります。ここまで登ると、**モミ**はほとんど見られません。常緑樹で混じっているのは、低木の**アセビ**と**シキミ**くらいです。低木層には、**アブラチャン**が多く、**マユミ**、**アセビ**、**カマツカ**、**シキミ**、**ミツバウツギ**が見られます。

　この樹林の特徴は、**ブナ**や**ミズナラ**といった高木が少ないことです。階層構造もあまり発達していません。場所により、高木層がほ

とんど見られず、亜高木層〜低木層に**リョウブ**、**ヤマボウシ**、**アブラチャン**の3種が多い樹林もあります。このような樹林は、人為的な影響、風衝（強風）、乾燥した土壌条件などのさまざまな条件が複合して形成されたのかもしれません。

　登山道脇に露出している土壌の断面を見てみましょう。この場所は、幅広い尾根上なので関東ロームが厚く堆積しています。そのため、岩が露出した尾根よりは、土に保水力があり、乾燥していないようです。

　林床にはスズタケが茂っていますが、スズタケはシカの食害を受けて、葉の密度が薄く、あまり元気がありません。**マユミ**や**リョウブ**も、シカに食べられて、樹皮がはげてしまったものが見られます。

⑥平坦地（緩やかな尾根のブナ、ヤマボウシ林）

　次に、丹沢の落葉広葉樹林の代表である**ブナ**の樹林に寄りましょう。不動尻分岐点の少し上（標高1170m付近）に、尾根がほとんど平坦になっている所があります。緩やかな尾根の途中に鞍部がありますが、その鞍部の少し手前の南斜面は何本か**ブナ**が立っています。稜線にはさわやかな風が吹いていて、**ブナ**のほかには**ヤマボウシ**や**オオモミジ**なども見られます。低木層には、**カマツカ**、**アセビ**が見られます。林床には**スズタケ**が茂っています。

　この場所のブナは高木といっても高さは10m程度で、風のためか樹形がカップのトロフィー状になっています。**ブナ林**としては、階層構造や樹種の多様性の面で貧弱な印象を受けます。

　この平坦地から20分ほどで山頂に到着します。山頂には阿夫利神社の立派な社殿が建っていて、神木とされているブナの木があります。天気がよければ江の島が浮かぶ相模灘や三浦半島が一望できます。

> **地震で姿を変えた丹沢**
>
> 　不動尻への分岐点の手前、標高1090m付近では、登山道の脇に、治山用の資材運搬ケーブルの土台があります。このケーブルの土台が見えたら、北側の斜面を注意して見て下さい。石垣のようなものが見えませんか。これは1923年の関東大震災で崩壊した斜面の跡地です。人間が斜面を階段状にして石垣を積み、木を植えて緑化した跡なのです。
>
> 　関東大震災は、震源地に近かったこともあって丹沢全域にたくさんの崩壊を引き起こしました。半ば「はげ山」のようになった山もあちこちで見られました。2万5000分の1地形図をみると、大山でも関東大震災で出現した崩壊地をいくつか見ることができます。
>
> 　標高1050m位から、不動尻への分岐点（標高1120m）までの間の北側斜面は、関東大震災で大きく崩壊しました。この崩壊地では、地震直後より神奈川県により治山、緑化の工事が行われてきました。すでに工事は終わっていますが、登山道からも植えられたヤマハンノキなどを見ることができ、森林が回復しつつある様子がわかります。

⑦山頂〜追分（さわやかなミズナラ、リョウブ林）

　山頂でゆっくり休んだら、表参道を下山しましょう。頂上から追分付近（標高約1000m）までは、**ミズナラやリョウブの森**です。どんな樹木があるか見上げながら、明るい落葉広葉樹林の森を楽しみましょう。高木層には、**ミズナラ、リョウブ**が多く、**ヤマボウシ、ブナ、オオモミジ、クマシデ、サワシバ**などが混じります。低木層には、**アセビ、アブラチャン**が多く、**マユミ、ヤマグワ**なども見られます。スズタケはかなり密に生えています。モミは見られません。

　足元を見ると、幅広い尾根上に関東ロームが堆積していますが、尾根の両側まで沢の源流部の侵食が迫っている場所では、岩盤が露出しています。関東ロームが堆積している道は、長年、参拝などで人が歩いてきたために、2m以上えぐれた溝になっています。

⑧追分〜下社（巨木も多いモミと常緑広葉樹林）

　追分（標高約1000m）を過ぎて、標高1000m以下になると、**スギ**と**モミ**の大木（直径0.5〜1m）が目立つようになり、落葉広葉樹の中に、**アカガシ**や**ウラジロガシ**も出てきます。このあたりが、落葉広葉樹林と常緑広葉樹林の境界です。雲上の落葉樹の稜線から、再び常緑樹の世界へ戻っていきましょう。往路で登った尾根は標高800m位の所に境界がありました。ここは標高1000m位なので、往路に上ってきた尾根よりも高い標高に常緑広葉樹林と落葉広葉樹林の境界があるようです。

　林内の状態を見ると、低木層には、**シキミ、アセビ、カヤ**のほか、株立ちしたアブラチャンやムラサキシキブが見られます。林床には、スズタケはなく、庭園のように植生が少ない状態です。シキミとマツカゼソウが多く見られます。シキミやアセビ、マツカゼソウは、毒があるなどの理由で鹿が食べないためよく残っているものと思われます。**モミ**の稚樹はほとんど見られず、**アカガシ**や**ウラジロガシ**などの稚樹も少ないようです。**アカガシ**の落ち葉が積もる登山道を下り、長い石段を下りると阿夫利神社下社に到着します。

　阿夫利神社下社に着いたら、神社下の階段から、北東の方向の尾根を双眼鏡で観察しましょう。**モミ**が分布する尾根の全体像が見えます。一部に**モミ**の枯れ木が残っています。1960年代を中心に大気汚染などにより**モミ**の枯れが増加しました。針葉樹は大気汚染にとくに弱いのです。

　時間に余裕があれば、ロープウエーを使わずに、女坂を下りてもよいでしょう。女坂でも**モミ**の混じる**アカガシ**、**ウラジロガシ**の常緑広葉樹林を見ることができます。丹沢山地でも常緑広葉樹の自然林は、人の手が加わっているため、それほど多く残っているわけではありません。このような森も貴重な森林なのです。

大山

常緑広葉樹林と、落葉広葉樹林の境界はどこに？

　常緑広葉樹林帯と落葉広葉樹林帯の境界を分ける気温は、冬の寒さに左右されています。両者の境界線は、目安としては年平均気温が13℃となる場所ですが、もう少し詳しくみると、最も寒い月の平均気温が－1℃である場所に両者の境界線があるようです。

　大山では、最も寒い月の平均気温が－1℃になる標高はどのくらいでしょうか。

　統計からこの線がどこにあるかを求めてみます。大山から最も近い気象庁の観測所に海老名観測所（標高18m）があります。気象庁のホームページで調べると、海老名観測所で、1979～2000年までの1月（最寒月）の平均気温は4.5℃でした。海老名観測所をほぼ標高0mとみなして、標高100mあたり気温が0.6℃低下するとすると、大山における最寒月の平均気温が－1℃になる標高は、100m×｛4.5℃－（－1℃）｝÷0.6℃＝917mです。この値は、本コースで実際に観察した境界とおおむね一致しますが、一般に、同じ山であっても、斜面の向きや風あたりによって、境界の高さはかなり変化しています。

6 丹沢山(たんざわさん)

変化していく地形に応じた個性豊かな樹木たち

美しいブナ林の稜線を快適に歩くコース

　丹沢山は、丹沢山地の主脈上に位置する標高1567mの山です。江戸時代には、丹沢山の東側は「御林(おはやし)」とよばれる幕府が所有する山林でした。「御林」では、ツガ、ケヤキ、モミ、スギ、カヤ、クリの6種類の木は伐採が厳禁されるなど、一般人の森林利用は制限されてきたため、自然の森が多く残っています。

　この山は、カシなどの常緑広葉樹、モミやツガなど温帯に見られる針葉樹、ブナなどの落葉広葉樹、そのほか実にさまざまな木々が、その美しい姿を見せてくれます。標高差1000mの本コースは、基本的な登山装備と体力と時間を必要としますが、その分、標高が上がるにつれて移り変わる**植生の変化**（垂直変化）を大いに楽しむことができます。

　そして、このコースは、地形の変化も豊かです。渓谷あり、高原のような場所あり、まろやかな尾根ありと変化する景観は、山歩きの醍醐味でしょう。それぞれの地形には、土地の条件に応じて樹木が住み分けていて、樹木の**個性の豊かさ**に驚かされます。

　日帰りで行く場合は早朝に出発し、ゆっくりしたい場合は、丹沢山の「みやま山荘」に一泊しましょう。また、夏季はヤマビルがいますが、忌避剤（登山用品店で売っている）を靴にスプレーすれば、ほぼ大丈夫です。体力に自信のない方は、堂平付近までの往復でも、十分にブナ林の美しさに出会えます。

　季節ごとに姿を変える丹沢の美しい自然を満喫して下さい。

コース案内図と地形図

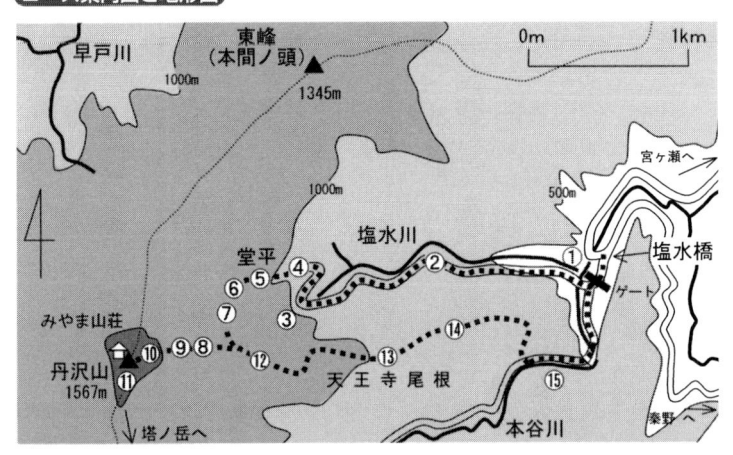

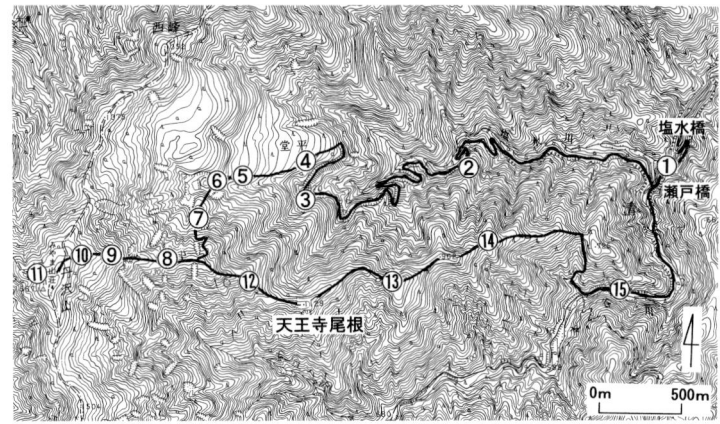

国土地理院発行2万5000分の1地形図「大山」を使用

コース　塩水橋→①塩水橋上→②ヘアピンカーブ→③水無沢→④明るい植林地→⑤堂平→⑥堂平沢渡渉点→⑦枝尾根上のブナ林→⑧天王寺尾根→⑨鎖場→⑩東側斜面→⑪山頂→⑫分岐点下→⑬モミやツガの大木→⑭イヌブナ林→⑮ケヤキ林→塩水橋（塩水橋までは自家用車で行くか、タクシーでは小田急線「秦野」駅から7000円程度です。また、崖くずれなどで不通の場合もあり、確認が必要。）

歩行時間：6時間

丹沢山

みどころ
- 標高とともに変わる森の姿
- 多様な地形と、豊富な樹種
- モザイク画のような水無沢の自然の森
- なだらかな尾根とブナの森を楽しむ
- 侵食と崩壊の大地のドラマ
- 荒地の先駆植物
- 渓谷の開拓者サワグルミ
- 尾根に耐えるモミとツガ
- 渓谷にたたずむケヤキ林

主な樹木
常緑広葉樹：カシ、ウラジロガシ、アカガシ

落葉広葉樹：ブナ、ヤマボウシ、サワグルミ、ケヤキ、オオモミジ、イロハモミジ、ハウチワカエデ、コミネカエデ、クマシデ、イヌシデ、ミズメ、イヌブナ、ヌルデ、キブシ、アカメガシワ、カラスザンショウ、フサザクラ、タマアジサイ、オオバアサガラ、カマツカ、アブラチャン、アセビ、トウゴクミツバツツジ

常緑針葉樹：モミ、ツガ、ウラジロモミ、カヤ、スギ

①塩水橋上（常緑のカシ林）

　塩水橋には若干の駐車スペースがありますが、休日は早朝に行かないと止められません。塩水橋から少し札掛方面に行くと本谷林道の入口ゲート（車通行止め）があります。本谷林道に入り、本谷川に沿った林道を登っていきます。瀬戸橋のすぐ手前に林道がカーブする場所があり（ミラーがある）、ここで対岸の斜面が望めます。

　塩水橋直上の堰堤のすぐ上で、堰堤のため幅広い河原ができています。ここは、斜面上部は人工林ですが、双眼鏡で見ると、斜面の下の方はウラジロガシとアカガシが生育している常緑広葉樹林です。ここは標高が420mで、気候的には常緑広葉樹林帯であることを確認できます。

崩壊地

　本コースは、塩水川や本谷川に沿った渓谷沿いの林道を通ります。歩きながら斜面に刻まれた枝沢(えだざわ)に注意して下さい。沢の斜面には土砂が崩落した跡があちこちに見られ、崩壊の起きやすい不安定な斜面であることに気づくでしょう。沢以外の斜面でも崩壊している場所があり、林道に岩が落ちている場所もあります。

　本コースは、全体的に崩壊地が多く見られます。崩壊地の下の部分にはたいてい崩れた土砂が堆積しています。土砂が堆積した崩壊地の下部には、どのような木が見られるでしょうか。大きな岩がゴロゴロしている沢によく見られるのは、フサザクラやカエデ類（オオモミジ、イロハモミジなど）です。タマアジサイやオオバアサガラも多く見られます。もう少し岩の大きさが小さくなった、渓流沿いの土砂堆積地（河原）を見ると、フサザクラ、オオバヤシャブシ、クマシデ、ヤマハンノキなどが多いようです。これらの樹木は、日向を好む陽樹とよばれる木で、荒地に真っ先に侵入するタイプ（先駆種）の木です。人間の企業社会でいえばベンチャー企業にあたる樹木たちでしょう。

　本コースに崩壊地が多い理由は、丹沢が激しく隆起しているからです。丹沢山地は、南の海からやってきた大地の塊です。丹沢山地は南海から移動してきたフィリピン海プレートが本州のプレートにぶつかって、プレート上の堆積物が本州側に押しつけられてできた山地です。丹沢山地が本州にぶつかった後に、さらに背後から伊豆半島が追突して、丹沢は激しく隆起しました。そして、現在でも隆起し続けています。このように激しく隆起する山では、斜面の勾配が急になります。斜面の勾配が急になることにより、斜面を流れる雨水の侵食作用も激しくなって、丹沢山地は現在でも激しく削られています。丹沢山地の土砂の侵食量は、全国平均の侵食量に比べて一桁多い、つまりべらぼうに多いのです。

②見晴らしの良いヘアピンカーブ（弁天沢(べんてんざわ)を見下ろす巨大な杉）

　林道を歩きながら、木の間から対岸の斜面を見ると、所々に、落葉広葉樹と常緑広葉樹が混じった森が見られます。**スギ**の大木も所々に見られます。やがて、見晴らしのよいヘアピンカーブにさし

丹沢山

弁天沢。左斜面に
弁天杉が見える

かかります。

　カーブを2回曲がってヘアピンカーブの上に出ると、パノラマが開けて、正面（北北西方向）に堰堤がある大きな沢（弁天沢）が見られます。この沢の左手の斜面上には、弁天杉という大きなスギが一本立っていてよく目立ちます。この一本杉は、ひときわ高くそびえていて、弁天沢や、向かいの天王寺尾根、そして林道を歩く人たちをじっと見つめているような気がします。おそらく過去の数百年も、この谷の歴史を見てきたのでしょう。

　周辺の山の斜面を眺めると、尾根や斜面の上部には、**モミ**や**ツガ**などの針葉樹が多く、斜面の下部から沢にかけては、落葉広葉樹林が多い傾向があります。斜面下部の落葉広葉樹林は、同じような高さの木が多いようにも見えます。薪の採取など人の手が加わった二次林なのかもしれません。

③水無沢周辺（ツガと落葉樹がつくる森のモザイク画）

　林道に沿って、1時間ほど歩くと、林道の脇に堂平登山口の標識があり、堂平への近道が林道から分かれていますが、この近道（急な登山道）は主に人工林の中を歩くルートなので見送って、このまま林道を歩きましょう。ヘアピンカーブを何度か通過して林道

を登っていくと、見晴らしのいい場所がいくつかあります。

　まわりの尾根や斜面を見ると、尾根上に**ツガ**の大木が多い原生林が望めます。もう常緑広葉樹はあまり見られなくなります。だいぶ標高が上がってきたからでしょう。**モミ**と**ツガ**は一見似てますが、よく見ると樹形で見分けられます。モミは左右対称形のクリスマスツリーのような端正な姿ですが、ツガは、主幹や枝がやや曲がり、左右が対称でない少し崩れた印象の樹形です。

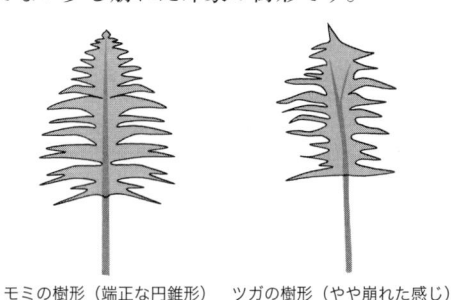

モミの樹形（端正な円錐形）　　ツガの樹形（やや崩れた感じ）

モザイク画のような自然の森

　さらに登って、真新しい堰堤が設置されている大日陰沢や水無沢を横切ります。

　堂平雨量局の小屋の少し手前（ケーブルの支柱らしき赤茶色の鉄骨がある場所）で、天王寺尾根北斜面に位置する水無沢周辺の斜面を望める場所があります。ここでしばらく、双眼鏡で水無沢の周辺の森を眺めましょう。

　次ページの図のように水無沢周辺の森は、全体としては落葉広葉樹林ですが、斜面上部、とくに尾根筋に**ツガ**を主とする針葉樹が見られます。**ツガ**は大木が点々と見られます。モザイク画のようにさまざまな種類の木が混じっていて、林冠（森の表面）は凸凹しています。このような特徴はより自然に近い森によく見られ、とくに新緑や紅葉の時期には、独特の美しさをかもし出しています。

丹沢山

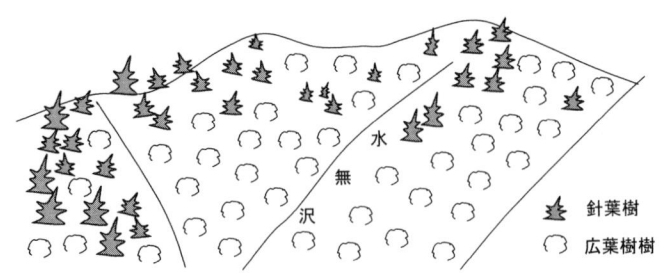

水無沢周辺（天王寺尾根北斜面）のスケッチ。尾根沿いを中心にツガなどの針葉樹が多い。ツガは大木が見られる

針葉樹
広葉樹樹

④明るい植林地

　林道を登って行き、堂平雨量局のある場所から登山道に入ります。しばらくは手入れのよい、明るいスギやヒノキの人工林（植林）の中を歩きます。枝打ちや間伐がよく行われ、林床はとても明るく、オオバアサガラ、テンニンソウ、マツカゼソウなどの草に覆われています。

　場所ごとに林床植生が異なりますが、多様性の少ない単純な植生である傾向が見られます。これは後で述べるように、シカの食害の影響かもしれません。

　さて、人工林の中は緩やかな傾斜の斜面が続くことに気づきませんか。地形図を見ても、この周辺は等高線の間隔が広い、つまり傾斜が緩やかであることがわかります。この人工林がある緩斜面は、「堂平」とよばれる土地で、はるか昔に巨大な地すべりがあり、滑ってきた土砂が堆積した場所だと考えられています。起伏の激しい丹沢の山腹で、このような緩い斜面はあまり見

明るい植林地

「かながわの美林50選」である堂平のブナ林。林床の植生が乏しいのはシカが草を食べるため

あたりません。地すべりで移動した地盤が堆積した場所なので傾斜が緩やかで、堂平と「平」の字がついたようです。

⑤堂平（ブナの美林）

　手入れのよい人工林を通り過ぎると、緩い斜面に美しく広いブナ林が広がる場所に着きます。ここが、「かながわの美林50選」にも選ばれている堂平ブナ林の入口です。

　堂平のブナ林は、ほとんど**ブナ**の純林に近い樹林ですが、林床を傷める恐れがあるのでロープが張ってあり、林内には入れません。外から眺めることにしましょう。ここの標高は1050mです。堂平は地すべりの土砂が堆積した緩傾斜地で、広範囲に渡ってブナ林が広がっています。傾斜が緩やかなため、関東ロームが流出せずに、地表には2〜3mの厚さで堆積しています。緩傾斜で、透水性、保水性の比較的よい土壌であるため、**ブナ**の生育に適しているのかもしれません。林床の植生は、シカ（ニホンジカ）に食べられたため、ほとんど見あたりません。近年、丹沢では林床に、テンニンソウ、マルバダケブキ、バイケイソウ、マツカゼソウなど、シカが食べない草だけが、残されて繁殖しているのがよく見られます。かつて堂平では**スズタケ**が地表を被覆していましたが、シカに食べられて少なくなりました。このため、**スズタケ**の落ち葉が地表に堆積しなくなり、むき出しの土壌が雨水に流され侵食されるという大きな問題

丹沢山

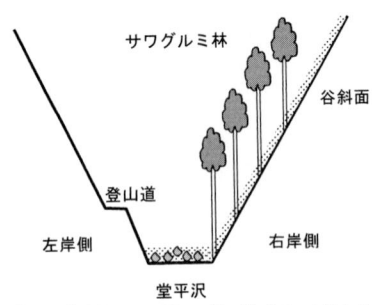

堂平沢渡渉点のサワグルミ林の模式図。左岸とは流れの方向に向かって左側の岸を表す

が発生しています。土壌侵食は樹木を倒したり、渓流の水質を悪化させるなど生態系に悪い影響を及ぼしています。

⑥堂平沢渡渉点（サワグルミ林の伸びやかな姿）

ブナ林を出て、堂平沢を横切ります。上流側を見上げると、激しい崩壊地を望むことができます。

登山道は、堂平沢の堰堤の上を横切りますが、堰堤直下の下流に向かって右側に**サワグルミ林**があります。ここは、斜面の下部であり、斜面上部から移動してきた土砂が堆積した場所です。サワグルミはこのような斜面の下部でもしばしば樹林をつくります。サワグルミの樹形はすらりとまっすぐで、20m位の高さになり、伸びやかな姿で立っています。サワグルミは、落葉広葉樹林帯に生育し、渓流の谷底にできた土石流の堆積地や、斜面の下部など、土砂の移動が激しい場所によく見られます。つまり、サワグルミ林を見たら、そこは不安定な地盤の場所だということになります。サワグルミなどが生えている場所には、別荘は建てない方がよいかもしれません。

サクラグルミは森の開拓者

土砂の移動の激しい不安定な土地には、サワグルミのほかにも、**フサザクラ、オオバアサガラ、ヤシャブシ、ヤマハンノキ**などの木も育ちます。これらの木は、木の中では荒地に真っ先に侵入して定着するタイプなので、先駆種ともよばれます。しかし、斜面が安定してしまったら、サワグルミの天下はいつまでも続きません。サワグルミは日向を好む陽樹なので、母樹（親の木）の下の暗い環境では稚樹（子どもの木）が育ちにくいため、サワグルミ林が将来に渡

枝尾根上の美しいブナ林

って世代交代を繰り返すことは難しいのです。このため、やがてカエデ類などの日陰に強い陰樹に取って代わられることが多いのです。

逆に、斜面に崩壊が発生し、斜面の土砂が激しく移動する場合は、陽樹の森の段階にとどまって、サワグルミなどの森林が継続しやすくなります。このように、サワグルミは、荒地にすばやく定着し、日陰や土壌をつくって環境を整え、森の基礎づくりを行う開拓者です。その役目が終わるとやがて陰樹にその座を渡しますが、多くの森は、実はその成立の初期に、陽樹という開拓者が森の基礎づくりを行っていた時代があるのです。

⑦枝尾根上のブナ林

サワグルミ林を後にして、急な小尾根を登ります。しばらく登ると傾斜が緩い斜面に着きます。**ブナ**の森です。高原状の緩やかな地形の上に、**ブナ林**が美しい景観をつくり出しています。

林内を見渡してみましょう。高木層はブナが主体で、**モミ**が混じります。亜高木層〜低木層は、**リョウブ**、**カマツカ**、**アブラチャン**、**ハウチワカエデ**などで、ブナの稚樹は見あたりません。草本層はテンニンソウやシロヨメナなどで種類は少なく、ササも見られません。美しいブナ林なのですが、全体として、植生の種があまり多様ではないような気がします。

　ブナ林の緩斜面を少し登ると、**サワグルミ**が何本か立っています。北側は沢になっていて、沢をまたいだ対岸の斜面を望むと、堂平の**ブナ林**が望めます。ここから望むブナ林は、新緑や紅葉の時期は、とくに美しい風景を見せてくれます。

　天王寺屋根に向かってさらに登っていきましょう。徐々に傾斜が急になり、左側の斜面に大きな溝ができているのが目につきます。赤土（関東ローム）の斜面に、雨どいのような溝状の地形（「ガリー」という）ができています。関東ローム層が、大雨の降るたびに削られて溝をつくり、雨どいのような地形をつくったのです。一滴一滴の雨粒は小さいのですが、集まって斜面を流れると、大地を削りこむ力をもつわけで、その営みには驚かされます。この溝はやがて長い時間をかけて広がって、大きな谷になるのでしょう。

　しばらく、**クマシデ**や**イヌシデ**が多いジグザグの道を登ります。シデ類にブナやミズメなども混じっています。落葉広葉樹林帯では、斜面の下部に、こういったシデ類の樹林がよく見られます。

　ジグザグの道を登ると、天王寺尾根に合流します。合流地点は、標高1320ｍです。

⑧天王寺尾根（広く緩やかな屋根のさまざまなブナ林）

　天王寺尾根に合流すると、緩やかな道が続きます。尾根は広く丸みを帯びています。この尾根道の周りは、多様な樹種が見られる**ブナ林**です。このブナ林は、晴れている時は心地よい森林浴を楽しめますが、霧が出た時もまた幻想的な光景に出会えます。

　尾根道に出ると**アセビ**が多くなることに気づきます。**アセビ**はく

なだらかな丸尾根の上に広がる天王寺尾根のブナ林。大木が多い。

ねくねと曲った枝を根元から枝分かれさせている常緑の低木で、乾燥した尾根などによく見られますが、毒をもっていてシカが食べないため増えたのかもしれません。

　高木層～亜高木層には、**ブナ、カエデ類（コミネカエデ、ハウチワカエデ）**がよく見られます。ブナ林ではやはりブナが主役ですが、カエデ類も亜高木層では優占することが多く、名脇役にたとえられます。このほか、**ヤマボウシ、シナノキ**などの落葉樹や、針葉樹（**モミ**や**ウラジロモミ**）も点在します。低木層には、**アセビ**が多く、**マメザクラ、カマツカ、シナノキ**のほか、**トウゴクミツバツツジ、シロヤシオ**などのツツジ類も見られます。ブナの稚樹はどちらかというと少ないようです。林床は、**ヒメノガリヤス**や**ミヤマクマザサ**が覆っており、**シロヨメナ、タイアザミ**もよく見られます。

　地形も観察してみましょう。全体として広い丸屋根ですが、北斜面で、沢の源流部がブナ林まで迫っている場所もあります。侵食の激しさがひしひしと伝わってきます。

ブナの好む気候

　丹沢の標高ごとの植生はどうなっているでしょうか。丹沢では、300m以下がスダジイ林（ほとんど失われている）、300～600mがカシ林（ア

丹沢山

侵食される天王寺尾根。谷の源流部が下から拡大してきた。縁に立っているブナは、危機一髪だ

カガシ、ウラジロガシ、アラカシ)、600〜900mがモミ、ツガ林、1000m以上がブナが優占する樹林が多くなります。また、800m〜1000mにはイヌブナ林、1000m以上では、ツガの優占林や、ウラジロモミ林も場所により見ることができます。

　丹沢の稜線(標高1000m以上)を歩く楽しみのひとつは、ブナに出会えることでしょう。ブナは北海道東部から九州の山地まで広く分布する落葉広葉樹の代表です。分布する地域の気候をみると、年平均気温が6℃〜13℃の間の冷涼な気候の場所で、年降水量1300mm以上の場所です。

　年平均気温が6℃以下の場所では、ブナは冬の寒さに耐えられず、より寒さに強いシラビソやコメツガといった常緑針葉樹林にその座をあけ渡します。逆に、年平均気温13℃以上になると、より競争力の強いカシ類が生育できるため、やはりその座をあけ渡します。ブナは適度に冷涼な気候の場所に生育しているのです。また、ブナは乾燥が苦手なので、雪の多い日本海側の地方にとくに多く見られます。雪はブナの種を覆って、乾燥から守ってくれるからです。

⑨ 鎖場(くさりば)

　さらに天王寺尾根を登っていくと、1カ所小さな岩場があります。

ここはヤセ尾根になっていて、両側はガレ場（沢の源流部に見られる岩が堆積した急傾斜地）です。堂平沢の源流部のガレ場が、下から拡大してきて、とうとう広かった丸尾根を削り、ヤセ尾根にしてしまいました。
　登山道も削られてしまい、岩場となっていますが、手がかりの鎖がついているので落ち着いて登れば大丈夫です。なぜ、天王寺屋根でここだけ鎖場になったかというと、この付近には断層が走っており、断層に沿って断層破砕帯（断層の近くで岩盤がぐしゃぐしゃに砕けている場所）がつくられて、とくに削られやすい場所だったためです。
　鎖場はごく短い区間ですが、足元に気をつけて登りましょう。鎖場の付近は砂礫地になっていて、**ヤマハンノキ、ウツギ、フジアザミ**など、崩壊地によく見られる植生が侵入しています。鎖場のすぐ上からは堂平沢上流部の崩壊地がよく見えます。堂平沢では崩壊を抑えて植生を回復させるために大変な労力をかけて治山工事を行っています。

⑩山頂直下の東側斜面（大木も多い、ブナとカエデの森）

　慎重に岩場を越えて、しばらく登ると、広い**ブナ**の森です。木製の階段や木道が整備されています。山頂はもうすぐなので、大木も多い**ブナ林**をゆっくりと堪能しましょう。この森は、ブナとハウチワカエデが多く、これらの稚樹も見られます。低木層には、あれほど多かったアセビが見られなくなり、**トウゴクミツバツツジ**が増えてきます。また、林床にはマルバダケブキが目立ってきます。
　丹沢のおおむね標高1400m以上の稜線は、霧がよく発生するために比較的乾燥しにくいという特徴があります。霧が発生する緩やかな丸尾根は、ブナの生育には適しているようです。
　丹沢の**ブナ**は近年、大気汚染、病害虫、土壌の乾燥化、鹿の食害（芽生えを食べてしまう）などで、弱ってきていることがわかってきました。稜線上で風の強い場所にあるブナ林のブナが枯れた場合、

東斜面のブナとカエデ林。カエデはブナ林の亜高木層によく出現する、ブナ林の名脇役

風当たりが強くなり、リョウブやトウゴクミツバツツジなどの強風に耐えられる低木のみが生き残って、木の種類が少ない単純な低木林が形成される可能性があります。ただし、この東側斜面のブナ林は、強い風の吹く時は風下側になることが多いためか、元気なように見えます。

ブナ林を楽しみながらしばらく登ると、標高1567mの丹沢山山頂に着きます。

⑪山頂付近（風に耐えるブナ）

丹沢山の山頂付近は、広くて平らな場所です。こういった平らな場所には、関東ロームが雨水に流されずに厚く堆積しています。丹沢によく見られる丸い尾根は、現在よりも雨が少なく大地を侵食する作用が弱かった氷期の遺物かもしれません。

丹沢山山頂も**ブナ**や**ハウチワカエデ**の多い森です。ブナは崩壊地や急傾斜地よりも、丸みを帯びた尾根に多く分布する傾向があります。また、稜線に吹く強風のせいで、ブナをはじめとする木々の高さが、東側斜面のものよりも低くなっています。ブナは、強風に適応して、カップ型のトロフィーのような枝の出し方をしています。強風は、樹木にとって厳しい環境条件なのでしょう。このコースでは見られませんが、丹沢山地では、とくに風当たりの強い稜線において、樹木がほとんどない草原となっている場所もあります。

ブナ林はいずれ消滅してしまう？

　今日、地球が温暖化しつつあり、今後100年間に、最大6℃程度気温が上昇すると予測されています。約2万年前の氷期には、5℃〜9℃位現在より気温が低かったといわれています。2万年かけて、5℃〜9℃の上昇ですから、100年で6℃というのは、とても激しい温度上昇です。100年後、200年後の丹沢のブナ林はどう変化するのでしょうか。

　標高が100m上がると、気温は約0.6℃低下します。もし100年後に今より6℃気温が上昇したと仮定すると、ブナの生育の限界は、100m×（6℃÷0.6℃）＝1000m上昇することになります。ブナの生育に適した場所を仮に標高800m以上とすると、100年後の丹沢でのブナの生育に適した場所は、標高1800m以上ということになります。丹沢はせいぜい標高1600m程度で、1800m以上の山はありません。

　冬に落葉する広葉樹は、夏の暑さに弱い上に、夏に生長し冬に休眠して春に起きて葉を出すというサイクルができているので、冬でも暖かい地域ではこのサイクルが崩れて生長がよくありません。暖かい所に特有の病気や害虫にも弱いようです。暑さが苦手なブナは標高が高い山頂付近に分布を縮小していって、やがて消滅してしまうでしょう。

　では、ブナが消えた後、その跡地にはどんな樹林ができるでしょうか。一部の暑さに強い落葉広葉樹は生き残ることができるでしょう。また、気温からみるとカシ類など常緑広葉樹の生育適地になります。ブナの後釜となる可能性の高いカシ類が、速い速度で分布を広げることができれば、常緑広葉樹の森に覆われるでしょう。カシ類のドングリは、リスやネズミや鳥がエサとして運ぶことがあるそうです。しかし、丹沢に住んでいる鳥や小動物は、大量に遠くまでドングリを運んでくれるでしょうか。もし、カシ類など常緑広葉樹林の分布の拡大速度がそれほど早くなければ、風に乗せて種を散布するさまざまな陽樹の森が成立するのかもしれません。この予想は、大げさすぎるかもしれませんが、温暖化は気温だけの変化ではなく、積雪量、降水量、霧の発生量、風の状況など、環境にさまざまな影響を与えます。これらが複合してブナ林にマイナスに働いた時、ブナ林へのダメージはより大きくなるのではないでしょうか。

⑫分岐点下（北面のブナ林と南面のツガ、アセビ林）

　山頂を後にして再び天王寺尾根を下ります。下山路は、堂平を経由せず、ずっと天王寺尾根を下ります。堂平への分岐点をすぎると、尾根上では、アセビがとても多くなります。高さも2～3mと大きくなります。まるでアセビのトンネルの中を通るような所もあります。

　堂平への分岐点（標高1320m）から標高1129mのピークのあたり（植林地になっている）までの間は、自然の森が広がっています。歩きながら尾根の両側の植生を見比べてみましょう。尾根の北面と南面とで植生が違う傾向がないでしょうか。北斜面ではアセビは少なく、**ブナ**と**カエデ**類が多いようです。一方で、南斜面では低木に**アセビ**が多く、高木は**ツガ**が多く見られます。南側斜面にツガやアセビが多いのは、南側斜面が北側斜面よりも乾燥していたり、土砂が移動しやすいなど、土地の条件に違いがあるのかもしれません。

　尾根の上には、**モミ**と**ウラジロモミ**が目立ちます。**ウラジロモミ**は落葉広葉樹林帯と常緑広葉樹林帯の境界付近に出現する針葉樹です。モミに似ますが、葉の裏は、幅の

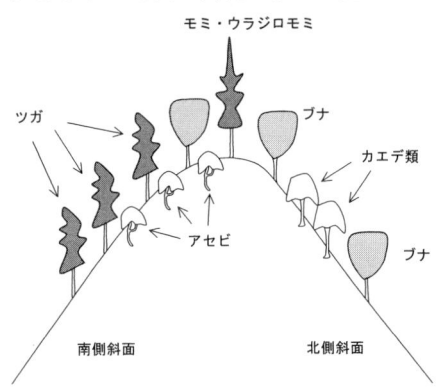

南側斜面と北側斜面の植生の違い。南側斜面にアセビやツガが多い

アセビが亜高木層～低木層を優占する。アセビは「馬酔木」と書く。シカも食わない有毒植物だ

南斜面のツガ。乾燥に耐えるタフな木

広い白い線（気孔帯(きこうたい)）が目立ちます。**ウラジロモミ**は丹沢ではモミよりも上部に分布し、標高1000m以上で見られ尾根筋から斜面上部でブナ林に混生することが多いようです。モミやウラジロモミの多くには、シカが皮を食べてしまうのを防ぐネットがかぶせられています。

⑬モミやツガの大木（乾燥に耐える尾根の主役）

　植林地の中をしばらく行くと、標高1040ｍの場所で、枝尾根が南に分岐する場所があります。このあたりには、尾根上に**モミ**や**ツガ**の大木が点在しています。直径は50cm以上ありそうです。

モミ、ツガの大木。どっしりと立っている。針葉樹は、高く端正な樹形をするものが多い

75

モミやツガは、乾燥した尾根上でも耐えることができ、また、成長が早いので、一般に尾根の上で丸々と太った大木を見ることができます。ツガの方がモミよりも高い標高の場所に生育することが多く、また、**ツガ**は、モミよりも土砂が移動して岩が露出したような場所、つまり土壌の薄い乾燥した場所でも生育する能力が高いといわれます。

　このあたりから、さらに下って本谷川林道に下りるまで、南斜面はほとんどが植林地です。おそらくは、自然の状態では、かなりモミが見られる樹林だったのでしょう。

　この周辺では、天王寺尾根の北斜面を見ると、**ブナ、ミズメ、シデ類、カエデ類**の斜面です。**ブナ**が枯死した跡のギャップ（木が倒れてできた空き地）には、**オオバアサガラ**などの先駆種が生えています。

⑭イヌブナ林

　しばらく下ると、シカ柵があり、小さなピークをトラバース（横断）する場所があります。その手前は、南側は植林地で、北側は**イヌブナ**の多い樹林となっています。標高は920m前後です。北斜面では、イヌブナにカエデ類やヤマボウシ、モミ、カヤなどが混じっています。標高が下がってきて、イヌブナの生育エリアになったようです。

⑮ケヤキ林（ひっそりと佇む渓谷の主）

　山旅も終盤にさしかかってきました。疲れも出てくる頃です。気を抜かないで尾根道を下っていきましょう。天王寺峠から、南斜面を下り、本谷川林道に出ます。林道に出た所で標高は約550mです。本谷川沿いの林道を少し下ると、対岸の斜面に、周りの木よりもひときわ背の高い大木が何本か見えます。木の高さは20m以上あるでしょうか。道がすれ違いのために少し広くなっていて、双眼鏡による観察に適した場所です。何の木でしょうか？　何本か見える大き

な木は**ケヤキ**です。亜高木層や低木層もケヤキが多く、後継樹が育っています。ケヤキのほかには、**イタヤカエデ**が混じっています。ケヤキは、あまり大きな群落はつくりませんが、渓谷の斜面などにひっそりと小さな群落をつくっていることがあります。

　ケヤキ林を離れて、林道をさらに下ります。本谷川の清冽（せいれつ）な流れは、青や緑に色を変えて下っています。周辺のV字型の谷を見ると、斜面の下部は、かなり急傾斜です。本谷川が斜面の下部を削っているからです。水面に近い急傾斜地には、あちこちにフサザクラが斜面にしがみつくように生えています。フサザクラの生命力にはいつも驚かされます。

　林道下の斜面には、**ヌルデ**、**ヤマグワ**、**キブシ**、**アカメガシワ**、**カラスザンショウ**、**オオバアサガラ**、**オオバヤシャブシ**、**ウツギ**などの陽樹が生えています。これらの樹木は、林道の縁の日当たりがよい場所によく生えている陽樹で、林道歩きをしているとよく出会う常連です。林道のある側の斜面、つまり南側の斜面は、**アカガシ**や**ウラジロガシ**が目立ちます。どうやら常緑広葉樹林帯に戻ってきたようです。

　渓谷の道を歩きながら、まるでモザイクのように常緑広葉樹、落葉広葉樹、針葉樹がちりばめられた渓谷の斜面の森を眺めましょう。名残惜しいようですが、間もなくスタート地点の塩水橋に到着です。

7 三頭山(みとうさん)
渓流の森の独特な木々の中を歩く

　三頭山は、奥多摩西部に位置する標高1531mの山です。スギ、ヒノキの人工林が多い奥多摩にあっても、自然がよく残され、まとまったブナ林が見られる山です。

　三頭山一帯は江戸時代に幕府の直営の山林である「御林山(おはやしやま)」として一定の保全が行われてきました。現在、この一帯は「東京都檜原都民の森(ひのはら)」として整備されています。

　三頭山は**ブナ林**も美しいですが、その山腹を東に流れ下る三頭沢では、渓流沿いにみごとな**渓畔林**があります。渓畔林は渓谷特有の森林で、そこでは独特の木々と出会うことができます。

　1991年に大規模な土石流が発生して渓畔林が一部破壊されたのですが、土石流による土砂の堆積地に、新たな命が芽吹き、育っている様子を見ることができます。

　三頭沢は、標高は1000m以上の沢ですが、比較的なだらかで、急な坂道はあまりありません。その秘密は、コースの入口付近にある**三頭大滝**という滝にありますが、歩きながら解き明かしましょう。本コースは、行き(登り)は渓畔林を観察しながら渓谷沿いに歩み、帰り(下り)は尾根を**ブナ林**や**ツガ林**の中を抜けて下山します。コース中には、休憩所、登山道が整備されていて、安心して歩くことができます。しっとりとした沢の空気と、さわやかなせせらぎの音の中で、渓谷の森を味わいましょう。なお、月曜日は都民の森の休園日なので、そのほかの曜日に訪れたほうがよいでしょう。

みどころ
- ●奥多摩の展望を味わう　●水辺を彩るさまざまな木々
- ●斜面に広がる多様なブナの森　●尾根を縁取るツガ林
- ●荒地に乗り込むサワグルミとシオジ　●渓畔林の脇役カツラ
- ●人々の暮らしを支えたミズナラ林

コース案内図と地形図

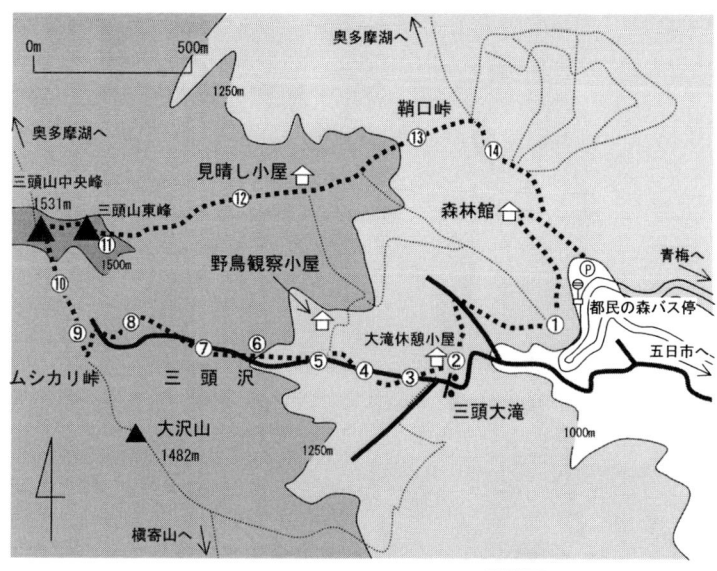

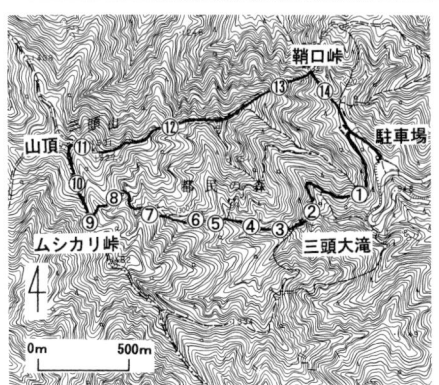

国土地理院発行2万5000分の1地形図「猪丸」を使用

コース JR武蔵五日市駅→（バス）→都民の森バス停（駐車場）→森林館→①尾根の先端→②三頭大滝→③サワグルミ林→④渓畔林→⑤地すべり地→⑥岩塊流→⑦土砂堆積地→⑧標高1400m付近の沢→⑨ムシカリ峠→⑩ムシカリ峠〜中央峰→⑪東峰展望台→⑫1400mの鞍部→⑬クリの大木が点在する二次林→⑭ツガ林→都民の森バス停（駐車場）

歩行時間：3時間30分

三頭山

主な樹木　常緑広葉樹：アセビ
　　　　　　　落葉広葉樹：ブナ、ミズナラ、イヌブナ、ヤマボウシ、アオダモ、クマシデ、クリ、ホオノキ、ミネカエデ、イタヤカエデ、ハウチワカエデ、オヒョウ、チドリノキ、ヒトツバカエデ、ウリハダカエデ、ミズメ、サワシバ、サワグルミ、カツラ、ダケカンバ、オオバアサガラ、タマアジサイ、オオカメノキ、コゴメウツギ、ミヤマガマズミ、コアジサイ、リョウブ、ミツバツツジ、ホツツジ、タンナサワフタギ、ヤマツツジ
　　　　　　　常緑針葉樹：ツガ、モミ

①尾根の先端（モミやツガを展望できる好ポイント）

　駐車場から、森林館をへて、大滝へ向かいます。しばらくスギやヒノキの人工林の中を歩きます。足元は木片を敷き詰めた遊歩道です。道の脇には小仏層の崖が見られます。尾根を回り込む所で展望のよい場所があります。眼下に三頭沢がV字型に谷を侵食して流れ下っているのが見えます。ここで周りの山を見渡してみましょう。

　左手（北東方向）に見える山は、ほとんどが植林されています。しかし、左手の一番手前（ヒノキの植林に隠れてやや見にくい）の枝尾根には**ツガ**がたくさん生えているのが見えます。この尾根はスタート地点の駐車場の北東側に位置する尾根です。谷（三頭沢）をまたいで、右手の斜面に目を向けてみましょう。右手（南東方向）に見える尾根は、植林が少なく自然の植生が多い場所です。尾根の上から斜面の中ほどにかけて**ツガ**や**モミ**といった針葉樹がよく分布しています。

　明るい緑色の落葉樹が多い三頭山でも、尾根筋の黒々とした濃い緑色の針葉樹は森の外観に深みを与えています。秋になれば、落葉広葉樹の紅葉と、針葉樹の濃い緑のみごとなコントラストが歩く人の目を楽しませています。**ツガ**や**モミ**といった針葉樹は、尾根上によく見られますが、これは尾根が好きで生えているというよりも、競争力が弱いため、乾燥した尾根に追いやられているのでしょう。

②三頭大滝（つり橋から眺める断層の滝）

南斜面を三頭大滝に向かって進みます。歩道の下側に大きな**モミ**や**ケヤキ**の木が何本か見られます。年輪を重ねた巨木の風格を楽しみましょう。渓谷の対岸の急斜面を見ると、さまざまな広葉樹と針葉樹が混じっていて、三頭山の自然の豊かさを感じることができます。

三頭大滝。落差30mの大滝。ここから上流がなだらかな起伏となる

東屋のある小さな沢を横切り、しばらく行くと、三頭大滝に着きます。滝見橋というつり橋がかけられており、落差30mのみごとな滝の姿を正面から見ることができます。つり橋から滝を眺めていきましょう。つり橋は谷底からけっこう高い位置にあってスリル満点です。この滝は、断層によってできた滝です。地図で三頭沢の流路を見ると、この滝の下側の地盤が北側に横ずれしながら落ち込んだことがわかります。

たいへん興味深いのは、この滝を境にして、上流側と下流側とでは、谷の侵食の度合いが異なることです。三頭大滝は、下流側から拡大してきた谷の侵食を止めているため、この滝から上の流域では、滝の下流側よりも起伏が少なくなだらかなのです。山頂に近づくにつれて山がなだらかになるのは不思議な感じがします。2万5000分の1地形図を見ると、大滝から上流側の三頭沢流域は等高線の間隔が空いていて、つまり、なだらかなことがわかります。これから歩く大滝から三頭山山頂までの三頭沢には、丹沢の谷のような激しい

崩壊地はあまり見られません。滝から上の流域のなだらかさは植生にも影響しているようです。大滝より上流側の三頭沢流域の緩やかな斜面は、ブナの生育に適していて、まるで滝がブナを守ってくれているかのようです。

滝を後にする前に、つり橋の上から下流側に向かって、正面の尾根を見てみましょう。正面の尾根の上には、**ツガ**と思われる針葉樹がよく見られます。斜面の下の方には、針葉樹はあまり見られません。

③サワグルミ林（崖下に育つ陽樹林）

大滝休憩小屋の所で、南西からブナ沢という支流が合流します。合流点で小さな橋を渡ると、そこから三頭沢の渓谷に沿った登山道になります。道は右岸（流れの方向に向かって右側の岸）につくられています。

渓谷の登山道に入って、100mほど行くと、対岸（川の左岸側）に崩壊地があります。ここはスプーンでえぐったように急な崖になっており、岩盤が露出しています。崖下には落下した土砂が堆積しています。このような崖下の土砂堆積地は「崖錐」とよばれます。崖錐はなんとか人が歩ける程度に傾斜がゆるくなっています。

その崖錐に、高さ20mを越える**サワグルミ**が樹林をつくっています。高木はほとんどがサワグルミで、その下の亜高木層や低木層に

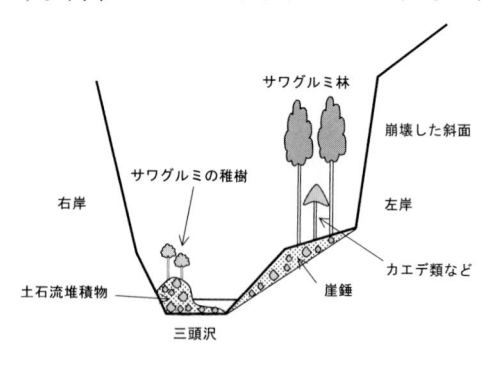

サワグルミ林と地形。サワグルミ林は、崩壊した斜面の下部にできている。河原の土石流の堆積地にはサワグルミの稚樹が育っている

サワグルミ林。高くまっすぐ伸びている姿は美しい

は、**イタヤカエデ、オヒョウ、チドリノキ**などが見られます。ただし、**サワグルミ**の稚樹は見られません。

　少し上流側に行くと、沢の流れのそばにサワグルミの木が何本かあり、付近の河原には、サワグルミの稚樹が何本も生えています。この河原は土石流が運んできた土砂が堆積してできた河原です。

　丹沢山のコースでも紹介しましたが、サワグルミは日陰に弱い陽樹なので、母樹（親の木）の下の暗い環境では、子どもが育ちにくく、植生のない河原（土石流堆積物）や斜面下部の土砂堆積地の上で、稚樹が育ちます。**カエデ類やオヒョウ**は、日陰に耐える力が強い陰樹であるため、高木のサワグルミの寿命がつきて枯死した後は、カエデ類やオヒョウの樹林となり、さらに後にはほかの落葉広葉樹も侵入してくるでしょう。

④渓畔林（渓谷特有の多様な森）

　やがて、渓谷に沿った道は左岸側に渡ります。渓流には、直径1m以上の岩がたくさん転がっています。

　河原をよく観察してみましょう。渓流には、土石流によって土砂が堆積してうず高くなった河原（土石流堆積地）が所々見られます。大きな岩だけでなく、砂などの細かい土砂が多く混じった土石流堆

積地には、しばしば**ミズメ**と**オオバアサガラ**の稚樹が密生しています。これらの樹木はサワグルミなどと同様に、土石流が堆積した後の裸の土地にすばやく定着しているのです。こんな土地には人間は住みたいとは思いませんが、樹木の中にはこういう土地に育つのを得意とする種類がいて、新しい土地ができるやいなや、彼らが土地の取り合いをしているのです。

　ここで渓谷を見回してみましょう。ここに見られる樹林は、渓谷特有の樹林である渓畔林です。渓谷という環境は、谷の斜面から地下水が染み出してくるので水分は豊富ですが、土石流や斜面の崩壊という地盤の不安定さがつきまといます。渓畔林は、土石流堆積地や斜面の崩壊地に乗り込んでいく猛者たちであふれています。その猛者たちを訪ねていきましょう。さまざまな戦略をもってそれぞれの「生」を表している、木々たちの華やかな舞台です。

　渓畔林の樹種は多様です。高木層には、**シオジ**、**サワグルミ**、**カツラ**が多く、**イタヤカエデ**などのカエデ類や**ミズメ**も点在します。**シオジ**はとくに大きく、胸高直径が30cm以上のものも多く見られます。亜高木には、**サワシバ**や、**チドリノキ**、**イタヤカエデ**、**ハウチワカエデ**といったカエデ類が目立ちます。低木は、**オオバアサガラ**、**タマアジサイ**などが見られます。また草本層もとても多様です。これらの樹木の多くが、河川が運搬した土砂の上に定着して生育できる能力をもっています。土石流の堆積物は、三頭大滝の上から、三頭沢に沿って標高1350m位の位置まで見られ、この区間では渓畔林がとくによ

渓畔林。さまざまな木が見られる。土石流さえも子育てに利用するしたたかな木もある

く観察できます。

> **なぜ、三頭沢はなだらかか？**
>
> 　三頭沢は、傾斜が緩やかな沢です。歩いていてもそれほど険しいという感じはしないのではありませんか。みごとな渓畔林がつくられたのも、勾配が緩やかで土砂が堆積しやすかったこともあるでしょう。谷の両側の斜面も比較的緩やかです。
>
> 　緩やかな地形は、過去の気候（氷期）と関係があるようです。氷期のピークは約２万年前で、5℃〜9℃位現在より気温が低く、雨が少なかったと考えられています。雨の少ない時代には、山はあまり侵食されずに丸みを帯びた形になります。雨が多い時代には山はよく侵食されて険しくなります。関東地方の山で、標高1700m程度以上の場所では、雨の少なかった氷期に、弱い侵食作用を受けてなだらかな起伏の地形が形成されました。その後、雨が多くなった後氷期（氷期の後、現在までの暖かい時代）に、激しい浸食作用が下流側から進んできてやがて、山全体に谷が彫り込まれました。その結果、多くの山で、氷期につくられたなだらかな地形は消えてしまいました。ところが三頭沢は、大滝が障害となったため、下流側から進んできた激しい侵食が大滝の上流域まで及んでいません。だから、大滝より上流域は、起伏が緩やかなのです。
>
> 　このような起伏が緩やかな斜面はブナの生育にとっては適した場所でしょう。例えば、沢沿いの斜面の下部には、比較的最近つくられた浅い崩壊地も所々に見られますが、そういう崩壊地には、ブナは少なく、カエデ類が多く見られます。また、渓流沿いにも、ほとんどブナは見られません。こうして見ると、三頭大滝は、緩やかな斜面を残したことによって、結果的にブナを守っているように思われます。

⑤地すべり地（地質と植生の深い関係）

　渓畔林の中を歩いていくと、道が右岸から左岸へ移る所に、休憩できる東屋があります。ここは野鳥観察小屋への道との分岐点です。分岐点の周辺は、右岸側に地すべり性の崩壊地が、いくつか見られます。

　地すべり地の下部の土砂堆積部分には、**カエデ類**がよく生えてい

ます。分岐点をすぎて、登山道が左岸側から右岸側へ移ると、幅50m位の地すべり地があり、地すべり地の下部の土砂堆積部分に**サワグルミ**の大木が何本か生えています。より下の沢の流れに近い部分には、**シオジ**の大木が生えています。亜高木層〜低木層は**チドリノキ**が多くなっています。

地すべり地は、滑り面といわれる地下の面の上を、堆積物がゆっくりと滑り、堆積部分の下部に堆積地を形成しますが、その傾斜は比較的緩やかです。陽樹であるサワグルミが見られるので、地すべりが発生した時は、いったん植生がなくなったのかもしれません。

この地すべり地は、地質と関係があるようです。三頭沢の河原の石をよく見てみましょう。この地すべり地の周辺では、河原や、谷斜面に露出している岩盤を見ると、白地に黒い斑点が混じったゴマ塩のような岩が見られます。このゴマ塩のような岩は、「石英閃緑岩(せきえいせんりょくがん)」とよばれ、地下から貫入してきたマグマが地中で固まってできた岩で、この周辺(野鳥観察小屋への分岐点周辺の500m位の区間)にごく局所的に分布する岩なのです。三頭沢流域の、ほかの大部分は、小仏層とよばれる砂岩(砂が固まってできた岩)などの地質からなります。

石英閃緑岩が分布するこのあたりに地すべり地がよく見られるのはなぜでしょうか。これは、石英閃緑岩がバラバラに風化(マサ化ともいう)して砂になりやすく、地下深くまで岩盤が砂になってしまったので、地すべりしやすい、という理由のためのようです。

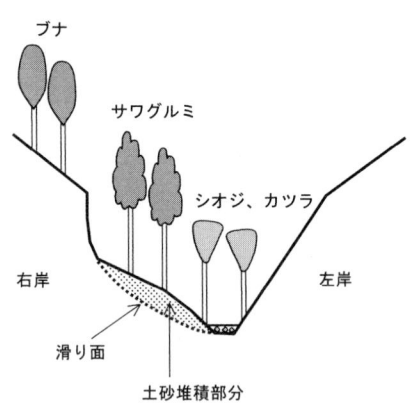

地すべり地の植生。陽樹のサワグルミが育っているので、地すべりによって植生がなくなったのかもしれない

岩塊流。非常に角張っているので水の流れで運ばれたものではない。氷期に風化作用によって作られた遺物だ

⑥岩塊流（がんかいりゅう）（氷期の遺物）

再び、沢を横切って、登山道が、右岸から左岸へ移ります。左岸の斜面を注意しながら歩いてみて下さい。斜面一面に直径50〜150cm位の角張った岩がゴロゴロと堆積している場所がありませんか。岩はコケがむしているものが見られ、非常に角張っています。斜面のかなり上まで岩が見られます。非常に角張っているので、河原の岩のように水の流れで運ばれたものではありません。これは、氷期に岩盤から風化作用によって切り出され、ゆっくりと斜面を下方向に移動して、地表を覆ったもので、岩塊流とよばれています。その一番下は谷底まで達しています。

おそらく氷期には、三頭山だけでなく周辺の山々もこのような岩塊流に覆われていたのでしょう。氷期につくられた岩塊流が、沢に侵食されずに、三頭沢に今でも残っているのは、後氷期になって下流から迫ってきた侵食を、三頭大滝がくい止めていたからでしょう。そのおかげで、私たちは、氷期の時代の山の姿をありありと想像することができるのです。

岩塊流の上には、渓畔に見られる、**シオジ**、**サワグルミ**、**チドリノキ**と**ハウチワカエデ**などのカエデ類が生えています。中には直径30cm位の大木もあります。谷底に近い場所では、岩塊にコケが多く付いていて、チドリノキが多く見られます。このような大きな岩の斜面にも根付く、樹木のタフさには驚かされます。

密生するサワグルミとミズメの稚樹。同じような背丈なので、芽生えた時期も皆一緒なのだろう。おそらく土石流が堆積した直後ではないか

⑦土砂堆積地（サワグルミ、ミズメ、シオジなどの陽樹の稚樹林）

　岩塊流のすぐ上流に、川の左岸側の河原に、**サワグルミとミズメ**の稚樹が密生している場所があります。ここは、土砂がうず高く盛り上がって堆積しています。この堆積地の沢の水面からの高さは4～5mです。この堆積地は、直径は10～30cmの石が多く、石の隙間に砂や粘土がつまっています。

　頭上はギャップ（木が倒れたりしてできる空き地）となっていて空が見えます。**サワグルミやミズメ**の背丈が同じくらいなのは、土石流が起きた直後に一斉に芽生えた同級生なのでしょう。渓谷では、何十年か何百年かに一回は土石流が発生し、裸地（河原）が出現します。これを利用して、**サワグルミやシオジ**は、子孫を増やす戦略をもっているのです。日陰では育たない陽樹ならではの戦略です。地盤が安定した場所では、植生が変化（遷移）していって、最終的に陰樹の森（極相林）ができるわけですが、土石流が頻繁に発生する渓谷では、陰樹の段階まで遷移が至る前に土石流が発生して、陽樹が場所を移動しながら更新（世代交代）を続けるという状態もありえます。一方、サワグルミの寿命（100年位）以上の期間土石流がない場合は、サワグルミは枯れて、耐陰性（日陰でも育つ能力）のある**カエデ類やオヒョウ**などの樹種が優占し、多様な樹林に変わっていき、やがて陰樹からなる極相林に近づいていくこともありえ

ます。安定した地盤の土地を、長期安定政権が続く徳川時代とすれば、渓畔林は戦国時代のようです。

シオジとサワグルミの住み分け

　シオジとサワグルミは、地質が違う場所で住み分けていることがあります。

　過去の研究によると、三頭沢の支流のブナ沢には石英閃緑岩地帯と硬砂岩（こうさがん）地帯という二つの地質があります。そこでは、乾燥地を好むサワグルミが石英閃緑岩地帯に、湿潤な場所を好むシオジが硬砂岩地帯に育っているという住み分けが見られます。この住み分けの理由は石英閃緑岩は風化して砂（粒子が粗いので保水性が悪い）になりやすいのに対して、硬砂岩は風化して砂より細かいシルト（粒子が細かいので保水性がよい）になるからだとされています。

・石英閃緑岩→風化して砂になる→保水性が悪い→乾燥に強いサワグルミが育つ
・硬砂岩→風化してシルトになる→保水性がよい→湿った場所を好むシオジが育つ

　ただし、三頭沢の本川沿いで、シオジとサワグルミの成木が場所により住み分けているかは明確には確認できません。しかし、稚樹の生えている場所を見ると、シオジの方がより水面に近い場所に生えている傾向があります。

---

⑧標高1400m付近の沢（大木が多い沢の源流部）

　遊歩道が右岸から左岸に渡って、しばらく三頭沢からやや離れて登ります。岩盤が露出した場所を見ると、もう石英閃緑岩は見られず、黒っぽい小仏層の硬い砂岩ばかりです。

　標高1400m付近で、涸（か）れ沢を左岸から右岸へ横切る場所があります。この沢の谷底は、直径30〜50cm程度の土砂がうず高く（高低差2m位）堆積しています。ここには、ブナのほか、**シオジ**、**カツ**

標高1400m付近の涸れ沢の樹林。渓谷に多いサワグルミやシオジと、緩斜面に多いブナが共存している。沢と斜面の中間的な土地条件なのかもしれない

ラ、**サワグルミ**の大木が、何本か立っています。林床には、**チドリノキ**、**ハウチワカエデ**の稚樹が見られます。シオジやサワグルミの稚樹はあまり見あたりません。おそらく、陽樹の**シオジ**や**サワグルミ**にとっては稚樹が育つための光が不足しているのでしょう。代わりに、30mほど上流の、登山道が沢を横切る箇所は、明るい開けた場所で、そこでは3〜5mの高さの**サワグルミ**の稚樹が育っています。

　三頭山の上流域は、なだらかな地形をしていますが、ここも浅い沢です。この谷にはブナも多く混じっていますし、土砂移動の激しさからすると、沢と斜面の中間的な地形なのかもしれません。

カツラの生き残り戦略

　カツラは、サワグルミやシオジと違って、稚樹がほとんど見られず、個体数も少なくて点在しているにすぎません。これは、枯葉が地表に堆積していたり、土壌が乾燥していたりすると、実生（種から出る芽）が育たないためといわれています。

　一方で、カツラは、根際にたくさんの萌芽枝を出していて、土石流により主幹が枯れた後は、萌芽枝が成長して太い幹となり再生しています。このため、カツラの寿命は500年以上と非常に長いのです。

　カツラは、同様に撹乱を利用して更新しているサワグルミやシオジに比べると実生が成長する点での競争力が弱いようですが、萌芽という戦略をもっているために、個体数が少ないながらも、渓畔林の脇役として存在し続けています。

　シオジはサワグルミよりも耐陰性が強いために、小規模なギャップでも稚樹が育つことができるという戦略をもって生きています。

　サワグルミは、大規模なギャップですばやく成長して一斉林（木の高さがそろった樹林）をつくるという戦略をもっています。

　カツラは萌芽という戦略をもって、個体数が少ないながらも点在しています。

　渓谷という同一の環境下でも、それぞれの樹種が、異なる戦略をもって生きており、これが森林の種の多様性をもたらしています。

カツラの大木。この木はそうでもないが、カツラは根元から株立ちしていることが多い

⑨ムシカリ峠(さまざまな木が混じるブナ林)

ムシカリ峠のブナ林。ブナ以外の樹木も多種多様

三頭沢を左岸から右岸に渡るとすぐムシカリ峠です。ムシカリ峠のムシカリはオオカメノキの別名です。オオカメノキは、ブナ林によく見られる落葉低木で、白い装飾花をもったアジサイのような花を、5月頃に咲かせます。

しばし休憩をとったら、ムシカリ峠の西側の斜面にある森の中をのぞいてみましょう。この森は、階層構造が発達しています。高木層は**ブナ**で、亜高木層は、**ハウチハカエデ**、**ヒトツバカエデ**、**ウリハダカエデ**、**イタヤカエデ**など、**カエデ類**が多いようです。**カエデ類**はブナ林の名脇役で、しかも種類がたくさんあります。低木層には、カエデ類や**オオカメノキ**、**コゴメウツギ**などが見られます。草本層には、**ブナ林**につきものササはあまり見られません。ブナ以外の樹種も多様です。

ブナ以外の樹種が多様なのは、太平洋側の**ブナ林**の特徴です。ブナは日本海側で広く分布し、冬に積雪があり湿潤であること、厚い腐食土をもつ土壌があることがよく生育する条件です。このため、冬に雪が少なく乾燥する太平洋側では、生育が悪く、ミズナラやカエデ類などほかの木と混交しやすいのです。

⑩ムシカリ峠〜中央峰(ブナ林と対照的なミズナラ林)

ムシカリ峠から、三頭山山頂(中央峰)へ向かう路を辿ります。

山頂までは尾根道です。この尾根道の大きな特徴は、東側斜面はブナの森なのですが、西側斜面は**ミズナラ**の森だということです。

東斜面と西斜面では、樹林がとても対照的です。

東斜面は**ブナ**の森です。ブナのほかには、**イヌブナ**や**ミズナラ**なども見られます。低木層は、**ハウチワカエデ**や**ウリハダカエデ**などの**カエデ類**のほか、**オオカメノキ**、**ミヤマガマズミ**など、一般に**ブナ林**によく見られる木々が見られます。林床には、ササが少なく、コアジサイなど多様な植生が見られます。

西斜面に目を転じてみましょう。西斜面は**ミズナラ林**です。ミズナラは直径10cm程度のものが多く、あまり太い木は見あたりません。根元から枝分かれ（株立ち）しているものも見られます。ミズナラは萌芽力が強く、切り倒して薪を採っても切り株から芽が出て再生します。このミズナラも薪をとった後、切り株から萌芽したのでしょう。また、**カエデ類**などの広葉樹も侵入しています。この西側斜面の**ミズナラ林**は、薪を採るための薪炭林などとして、住民に利用されてきた二次林でしょう。人々の生活を支えてきた森です。

一般に、**ミズナラ**は極相林もつくりますが、陽樹的な性格も持っており、ブナ林を伐採した後、二次林をつくりやすい樹木です。一般的には、ブナ林を伐採した後に形成された**ミズナラ林**は人の手が加わらなくなって放置されると、**ブナ林**に還っていきます。しかし、後に述べるように三頭山のブナは世代交代がうまく行われていないためブナ林には還らず、比較的長寿な**ミズナラ**が今後も育っていくか、**カエデ**などの森になるかもしれません。

ミズナラ林。薪用に切られたのか、細い木が多い

⑪東峰展望台（乾燥した尾根の植生）

　三頭山の山頂は、中央峰と東峰の二つピークがあります。まず中央峰で奥多摩の山々の展望を楽しんだら、東峰に向かいましょう。中央峰を越えると、**ダケカンバ**が多くなります。三頭山は標高が1600m以下で、シラビソやコメツガの（亜高山）針葉樹林は見られませんが、亜高山に見られる**ダケカンバ**は、深山の雰囲気を盛り上げてくれます。南側の斜面は**ブナ**や**ミズナラ**の大木も点在する自然が豊富な樹林なのに対して、北側斜面は、比較的直径が細い**ミズナラ**の二次林です。まもなく東峰に着きます。

　東峰には展望台があるので、そこから眼下の樹林を眺めましょう。上から見た限りでは、高木層は**ダケカンバ**、**ブナ**で、亜高木層は、**ミズナラ**、**アオダモ**、**ミネヤナギ**、**ハウチハカエデ**、**ミネカエデ**、**ヒトツバカエデ**など、低木層は**リョウブ**などからなります。

　東峰を越えると尾根道で、尾根筋は乾燥しているせいか**ブナ**は少なく、**ミズナラ**の大木や、**モミ**がよく混じり、低木にも**ツツジ類**が多くなります。乾燥した土壌は、糸状菌に覆われることが多く、土壌が酸性になりやすいといわれています。**ツツジ**の仲間は乾燥に強く、酸性土壌を好むので尾根沿いによく見られます。

⑫1400mの鞍部（将来が心配なブナ林）

　東峰から、尾根を下っていきます。しばらく下って、標高1450～1400mの付近には、南側斜面に**ブナ**の大木が点在するようになります。ブナ林です。ここにはまとまったブナ林が見られるので、足を止めてゆっくりと眺めましょう。南側は、尾根と並行するような浅い谷が形成されています。南側の斜面では、高木層～亜高木層には**ブナ**が多く、**イヌブナ**、**ヤマボウシ**、**クリ**、**ホオノキ**、**アオハダ**、**カエデ類**（**ハウチワカエデ、ヒトツバカエデ、イタヤカエデ**）などが見られます。低木層には、**ミヤマガマズミ**、**オオカメノキ**、**ミツバツツジ**、**ホツツジ**、**コアジサイ**などが見られます。林床には、ササが少しだけ見られます。階層構造が発達した樹林です。ただし、

ブナの低木や実生が見られません。北斜面では、イヌブナが多く、ミズナラやヒトツバカエデが混じります。南斜面に比較すると、大木は少ないようです。低木層は、ツツジ類が多く、林床にはササが見られません。

　三頭山の林床にはササが少なく、これは、**ブナ**の実生の定着には有利なはずなのですが、**ブナ**の後継樹は少ないということです。一般に、太平洋側のブナは、乾燥しやすいために生育が悪く、後継樹が少ないため、**イヌブナ**や**カエデ類**などの多様な落葉広葉樹が混じった樹林に移行していく可能性があるといわれています。ここのブナは、200年位前の小氷期に拡大したもので、その後の温暖化、乾燥化（積雪が少ないため、冬期に雪の被覆がなく乾燥する）で衰退しているという報告もなされています。

⑬クリの大木が点在する二次林

　見晴らし小屋から、植林の中を下ってゆきます。細い木の樹林の中に**クリ**の大木が点在してきます。ここは、薪炭林などに利用されてきた二次林です。クリは食用などで、残されたのかもしれません。

　高木層では、**イヌブナ**、**カエデ類**、**ミズナラ**、**ホオノキ**が見られますが、クリを除けば細い木が多いようです。所々に、ヒノキやカ

クリの大木。人為的な影響かクリのほかは細い木が多い

ラマツの植林が見られます。この二次林は、鞘口峠(さやくちとうげ)まで続きます。

⑭ツガ林

鞘口峠から森林館までは、ジグザグの路を下ります。ここは、乾燥した枝尾根で、高木層に**ツガ**や**モミ**といった針葉樹が多くなります。落葉広葉樹も見られますが、**ミズナラ**、**コナラ**、**クマシデ**などからなる人為的な圧力を受けた二次林のようです。亜高木層には、**ハウチワカエデ**、**イタヤカエデ**、**ウリハダカエデ**などの**カエデ類**が多くなります。低木層にはツツジ類が多く、リョウブ、アセビ、タンナサワフタギ、コアジサイ、コゴメウツギ、ヤマツツジなど多様です。斜面上には、直径50cm位の岩がゴロゴロと堆積していて、土砂移動が激しいと思われる斜面です。この尾根の主役は**ツガ**などの針葉樹林です。**ツガ**は、尾根上や斜面上部でも見られる樹種で、土砂移動が激しく岩が露出しているような、つまり土壌の薄い乾燥

ツガ林。かなり急な斜面に広がっている。ツガは乾燥した急斜面でもよく耐える

した場所でも耐えています。しかし、歩道の脇は斜面が侵食されて、ツガの根が露出しているのが痛々しい限りです。炭焼き小屋を経て、しばらく歩くと、都民の森駐車場に到着します。

8 大菩薩嶺
だいぼさつれい

絶景の草原と亜高山の原生林を楽しむ

　大菩薩嶺（標高2057m）は、関東山地の南部に位置する山です。大菩薩嶺の南には、小金沢山などへと続く連嶺（大菩薩連嶺）がのびていて、中里介山の小説で有名な「大菩薩峠」は、その連嶺の鞍部にあります。この峠は、古くは甲州裏街道とよばれ、奥多摩と甲府を結んでいた青梅街道の難所でした。大菩薩嶺は山頂付近に、亜高山に多い針葉樹の森を見ることができます。

　いよいよ標高は2000mを越えます。このコースでは、落葉広葉樹林帯から常緑針葉樹林帯へ変化する森の姿を楽しみましょう。落葉樹林帯の**ブナ**や**ミズナラ**の森では巨木と出会ったり、珍しい**ウラジロモミ**のまとまった純林にも出会うことができます。

　山頂付近は、鬱蒼とした針葉樹林が覆っており、静かな山歩きを楽しめます。

　また、大菩薩峠から上の稜線には、強い風によって形成された**草原**があります。草原に針葉樹が点々と立っている風景は晴れていても、霧の中でも、独特の雰囲気があります。また、この稜線の西側は樹木がほとんどないために見晴らしがよく、晴れていれば富士山や甲府盆地、南アルプスを展望できる**絶景ポイント**がたくさんあります。

　体力に自信のない方は、タクシーを利用して上日川峠からスタートしてもよいでしょう。上日川峠から大菩薩峠までの区間はなだらかな道が多く、山小屋も多いので、この区間だけでも安心して楽しめるでしょう。

みどころ
- 巨木も見られるミズナラ、ブナ林
- 希少なウラジロモミの純林
- 強力なブナ林の脇役、カエデ林
- 移り変わる植生
- 富士山を眺める草原（風衝草原）
- 静かな山頂の針葉樹林

コース案内図と地形図

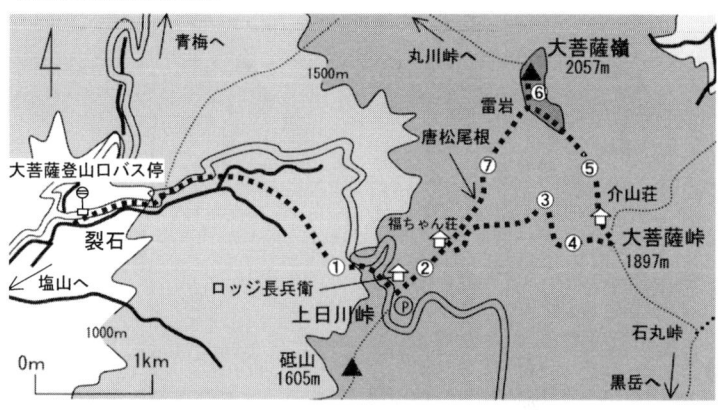

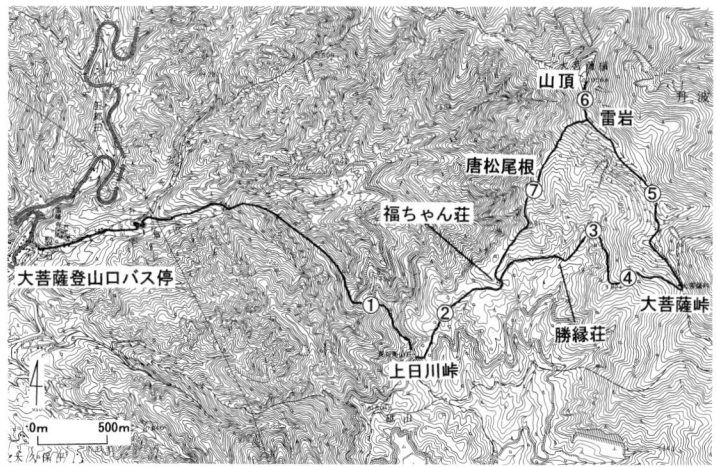

国土地理院発行2万5000分の1地形図「大菩薩峠」を使用

コース　JR塩山駅→（バス）→大菩薩登山口バス停（裂石）→①→上日川峠（ロッジ長兵衛）→②→福ちゃん荘→勝縁荘→③→④→大菩薩峠→⑤→雷岩→⑥大菩薩嶺山頂→雷岩→⑦→上日川峠（ロッジ長兵衛）→（タクシー）→JR塩山駅

歩行時間：6時間

主な樹木 落葉広葉樹：ブナ、ミズナラ、ハウチワカエデ、イタヤカエデ、ウリハダカエデ、ウリカエデ、オオモミジ、マユミ、コミネカエデ、ミネカエデ、クマシデ、サワシバ、ズミ、ツノハシバミ、ダケカンバ、ナナカマド、アオダモ、リョウブ、オオカメノキ、サラサドウダン、トウゴクミツバツツジ、ヤマツツジ
常緑針葉樹：ウラジロモミ、シラビソ、コメツガ、イラモミ
落葉針葉樹：カラマツ

①上日川峠下（ミズナラ、ブナ林）

　大菩薩登山口バス停がある裂石(さけいし)を出発して、雲峰寺(うんぽうじ)の下を通る広い道を辿ります。車道がジグザグになり、丸川峠の入口を見送ると右側に近道（歩道）があるので入ります。近道が車道に合流すると、やがて案内板があり、車道から右に分かれて橋を渡るとすぐに千石茶屋があります。千石茶屋を通りすぎて、少し治山林道を歩くと左手に登山道の取り付き口があります。

　上日川峠への道は尾根を歩く道です。適度に休息を入れて高度を稼いでいきましょう。やがて、**ミズナラ**と**ブナ**が多くなってきます。

　標高1400m位から、上日川峠（標高1580m）までは、**ミズナラ**と**ブナ**の巨木が見られます。**ミズナラ**と**ブナ**の森は、秋の紅葉がひときわ美しく、山梨県の森林百選にも選ばれている美林です。

ミズナラとブナの森。巨木も見られる

ミズナラとブナの森は、階層構造が発達しています。高木層は、**ミズナラ**が多く、**ブナ**がそれに次いでいます。亜高木層には、**ハウチワカエデ**や**オオモミジ**、**イタヤカエデ**といった**カエデ類**が多く、**クマシデ**や**サワシバ**も混じります。低木層には、**トウゴクミツバツツジ**、**ヤマツツジ**といった**ツツジ類**、**ウリハダカエデ**、**ウリカエデ**、**コゴメウツギ**、**マユミ**などさまざまな木が見られます。林床は**ミヤコザサ**が生い茂っています。

　上日川峠には、ロッジ長兵衛があり休憩できます。ロッジ長兵衛の南側にはブナとミズナラのみごとな巨木が見られます。また、さらに南側に**ウラジロモミ**の学術参考林があり、自然観察歩道も整備されているので、時間に余裕があれば見学することをお勧めします。

　ウラジロモミは、モミよりも高い標高の場所、落葉広葉樹林帯上部によく出現します。ただし、シラビソなどの亜高山に多い針葉樹と比べると、冬の寒さに耐える力が弱いので、常緑針葉樹林帯よりは標高の低い場所に見られます。上日川峠は落葉広葉樹林帯の上部にあたっており、ウラジロモミ林が成立できたのでしょう。

②上日川峠～福ちゃん荘（足元が平坦で観察に最適なミズナラ林）

　上日川峠からは、林道と並行して、緩やかな登山道が通っています。丘陵のようになだらかな尾根を登っていきます。この登山道の周りには、ミズナラ林が広がっています。足元は緩やかで林内の見通しもよいので、どんな木があるか、観察してみましょう。高木層には**ミズナラ**が多く、**ウラジロモミ**や**ブナ**が混じります。亜高木層には、**ウリハダカエデ**、**ハウチワカエデ**、**イタヤカエデ**、**オオモミジ**、**コミネカエデ**などの**カエデ類**が多く、低木層には、カエデ類のほか、**ズミ**、**アズキナシ**、**マメザクラ**、**ツノハシバミ**、**ブナ**などが見られます。林床は**ミヤコザサ**が茂っています。

　高木にブナが少なくミズナラが多いのはなぜでしょうか。**ブナ**は湿潤な場所、**ミズナラ**は乾燥した場所に成立しやすいといわれます。両者の境界はいくつかの研究から、成長期（4月～10月）の合計降

ミズナラ林。ブナは少ない

水量が約800mmの線がひとつの目安だとみられます。

　気象庁の統計を使って、この場所の気候が**ブナ**に適しているか、**ミズナラ**に適しているか考えてみましょう。気象庁のホームページで閲覧できる統計によると大菩薩峠の4月～10月の合計降水量（過去30年間の平均）は1084mmです。したがって、このあたりは**ブナ**の方がよく生育すると思われます。**ミズナラ**が多いのは、ブナ林を伐採した後に**ミズナラ林**ができやすいことを考えると、伐採などの人為的な影響があるかもしれません。

　地下には厚い火山灰が堆積しているので（並行する林道の方が土の断面をよく見られます）、土壌はそれほど乾燥してはいないようです。ミズナラの高木が多い場所では、稚樹が育っていますが、ミズナラの高木が少ない場所では、ギャップに**カエデ類**が育っています。

　しばらく行くと、**カラマツ**の人工林がありますが、そこには**カエデ**と**ミズナラ**が激しく侵入しています。これらの**カエデ**や**ミズナラ**は亜高木層や低木層を形成し、階層構造をつくっています。どちらかといえば、**ミズナラ**よりも**カエデ類**の方が勢いがあるようです。カエデ類は、日射を効果的に得ることができる枝の張り方をしたり、稚樹が日陰に耐える能力をもっていたりして、暗い森の中でも生育する能力に富んでいます。

　ミズナラは寿命が長い樹種ですが、ミズナラの高木に寿命が来た

カラマツ植林地に侵入したカエデ類。上層がカラマツ、下層がカエデの二層林になっている

後、将来的には、**カエデ類**が優占する樹林になるかもしれません。ただし、**ブナ**の稚樹も見られることから、長い年月をかけて**ブナ林**に変化していく可能性もありますし、はたまた、地球の温暖化でブナは衰退するかもしれません。森の未来を想像してみるといく通りもの姿が浮かんできます。

なぜ上日川峠を越えるとなだらかになるのか？

このルートは上日川峠を越えると、重川流域から日川流域に入ります。上日川峠まで（重川流域）は急な斜面の見られる渓谷を登ってきましたが、峠を越えて日川流域に入ると丘陵のように地形がなだらかになると思いませんか？ ここから先は足取りも軽くなるような気がします。

重川も日川も同じ富士川水系笛吹川の支川ですが、日川の流域のほうが起伏がなだらかです。これは、流域によって侵食の度合いが異なっているからでしょう。2万5000分の1地形図「大菩薩峠」を用意して見てみましょう。日川流域は、ほかの流域よりも等高線の間隔が広く空いていて、つまり斜面がなだらかです。

なぜ、日川流域だけなだらかなのでしょう？ 想像してみました。この周辺の山々は、かつて氷期、つまり雨が少ないために侵食が少なかった時代に、なだらかな谷（図の①の斜面）がつくられたと考えられます。本コースの途中でも日川流域では岩塊がゴロゴロした斜面が見られますが、こういった斜面は寒冷で風化作用が激しかった氷期に形成されたようです。大きな岩は多いが、起伏は緩やかというのが氷期にできた斜面の特徴です。

その後、氷期が終わり、後氷期（温暖期）になりました。後氷期になっ

て降水量が増えたため、下流側から侵食が進行して急な斜面がつくられました。日川以外の流域は、山全体が侵食しつくされて全体的に急な斜面からなる流域になりました。

しかし、日川流域では、なんらかの理由で侵食があまり速く進みませんでした。それで、氷期につくられた緩やかな斜面が残っているようです。

侵食があまり進まなかった理由は、かつて三頭沢（三頭山）の三頭大滝のような大きな滝があって下流から進んできた侵食を止めていたのかもしれません（三頭山コースを参照）。

日川流域では、遅ればせながら下流から進んできた侵食（図の②）は現在どのあたりまで来ているのでしょうか。下流に牛奥（嵯峨塩鉱泉のあたり）という地名がありますが、おそらく、このあたりではないかと思います。そこから下流はV字型の渓谷になっています。そうだとしたら、上日川峠から上のなだらかなコースは、氷期につくられた斜面の上を歩くことになります。そして、本コースが氷期の化石の斜面だということは、森林や草原の成り立ちに大いに関係しているのです。

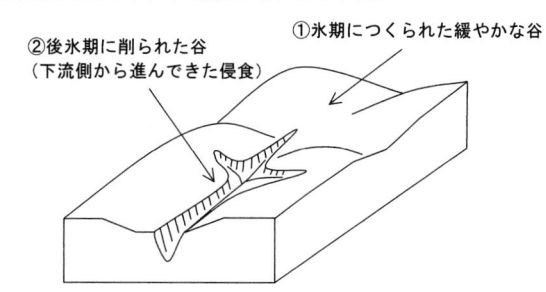

2種類の斜面。①の氷期につくられた斜面は緩やかで、②の後氷期に削られた谷は急なV字谷（侵食は上流側に向かって進んでいる）

③ 勝縁荘〜大菩薩峠（亜高山の香り漂うシラビソ林）

上日川峠から距離にして700mほど歩くと、山小屋の「福ちゃん荘」に到着します。「福ちゃん荘」からしばらく林道を歩き、「勝縁荘」から登山道になります。登山道に入ると、針葉樹が目立つようになります。勝縁荘（標高約1700m）の周辺が、落葉広葉樹林帯のエリアと、常緑針葉樹林帯のエリアの境界です。針葉樹の放つ原生

林の香りを吸いこみながら、亜高山の森へ入っていきましょう。

勝縁荘から大菩薩峠までの針葉樹林は、高木層に**シラビソ**が多く、場所により**ミズナラ**、**ダケカンバ**、**ナナカマド**、**コメツガ**が混じります。場所によっては、ダケカンバが優占する樹林もあります。亜高木層〜低木層は、ミズナラやダケカンバなどの下では、**トウゴクミツバツツジ**、**ヤマツツジ**などの**ツツジ類**や、**ツクバネウツギ**、**アオダモ**、**ノリウツギ**、**オオカメノキ**などが見られます。林床は、**ミヤコザサ**が生い茂っています。

シラビソ林。低木〜高木までシラビソが独占していることが多い

日本の針葉樹林は広葉樹が混入することが大きな特徴だといわれています。ただし、落葉樹林と比較してみると、このシラビソ林でも、シラビソ以外の、ほかの種類の樹木は少ないようです。林内には、低木層、亜高木層、高木層の各層にさまざまな大きさのシラビソが見られ、**シラビソ林**がほぼ独占的に優占して、世代交代をしている様子が見られます。

④風衝草原下

緩やかな針葉樹林の中の道を進みましょう。場所によっては、苔むした大きな岩がゴロゴロ堆積している斜面が見られる所があります。おそらく氷期につくられた岩塊です。針葉樹林は岩塊の上でもたくましく根を張っているのでしょう。

標高1820m付近に登山道が尾根を回りこむ場所があります。西向きの斜面から南東向きの斜面に変わります。ここは後で見ることのできる、風衝草原の下縁です。このあたりから上は草原になります。

つまり一種の森林限界といってもいいでしょう。ここは、**シラビソ林**の上縁で、森林内部よりも風が強いためか、シラビソよりもむしろ**イラモミ**が増えてきます。また、場所により、**ダケカンバ**が優占し、**ハウチワカエデ**や**ミズナラ**が混じる落葉広葉樹の樹林もあります。亜高木〜低木層は**ハウチワカエデ**や**リョウブ**、**ブナ**、**ナナカマド**などが見られ階層構造が発達しています。**ダケカンバ**や**ミズナラ**などは、落葉広葉樹の中でもとくに寒さ、風、薄い土壌など悪条件にも強いようで、シラビソ林の中でも部分的に優占することがあります。

　周りの木が疎らになってくると、やがて、大菩薩峠（標高1900m）に到着します。峠は見晴らしのよい休憩場所があり、山小屋の「介山荘（かいざん）」もあります。南アルプスなどの絶景を眺めながら一休みしましょう。

⑤大菩薩峠〜 雷岩（かみなりいわ）（斜面の向きで対照的な風衝草原と針葉樹林）

　大菩薩嶺を目指して稜線歩きを楽しみましょう。親不知ノ頭（おやしらず）という小ピークを越えると鞍部になり、そこが旧大菩薩峠です。岩が一面に転がっていて賽ノ河原（さいのかわら）とよばれています。稜線の登山道には、直径数mの岩が積み重なっている場所もあります。

　この稜線は、その両側の斜面の景観がはっきりと違っていてとてもおもしろい場所です。つまり、左手の斜面は草原、右手の斜面は針葉樹林で、とても対照的なのです。

　稜線の南西側斜面（登る方向に見て左側）は見通しのいい草原（笹原）です。こういった草原は風あたりの強い場所に見られるもので、風衝草原とよばれています。風のために樹木が侵入しにくいようです。

　草原の植生の様子を観察してみましょう。**ミヤコザサ**の覆う斜面に、針葉樹の**イラモミ**と、ツツジの仲間の**サラサドウダン**が点々と生えています。上部でカラマツが若干混じりますが、針葉樹はほとんど**イラモミ**のようです。**イラモミ**は、亜高山帯の主役であるシラ

南西斜面の風衝草原。風上側にあたる

草原に点在するイラモミ。なぜイラモミはこんな土地でも耐えられるのだろう

ビソやコメツガよりも、風や岩だらけの地盤といった悪条件に強いのかもしれません。イラモミは東側に枝をよくのばして、凛として風に立ち向かっています。おそらく強い西からの風が吹きつけるため、風下側にしか枝をよくのばせないのでしょう。

もし森林ができていれば、木々がそれぞれ少しづつ風よけになって、森の中は風が弱まるのですが、このイラモミのように点々と生えている状態では、自分だけの力で風に耐えなくてはなりません。

また、**ツツジ類**も風衝地に強い樹木です。ツツジ類の葉は裏側に巻き込む形になっていることが多く、葉の裏面からの水の蒸散を防ぎ、葉の表面にクチクラ層(葉をテカテカと光らせているワックス)が発達していて、葉を衝撃から保護するとともに葉の内部からの水分の蒸発を防いでいます。

さて、目を転じて、稜線の北東側斜面（登る方向に見て右側）も忘れずに見ておきましょう。

北東側斜面は、**シラビソ**、**コメツガ**、**イラモミ**の針葉樹の樹林です。南西側斜面と違って、風下なので**シラビソ**や**コメツガ**が育っているのでしょう。また、風下であることに加えて、地盤の条件も南西側よりよいのかもしれません。

イラモミは、シラビソなどに比べると、より風当たりの強い林縁（稜線近く）で多く生えているようです。また、**ダケカンバ**、**ナナカマド**といった寒さに強い広葉樹もがんばって顔を出しています。

針葉樹の幹を見ると、シカが食べないように樹皮にネットが被せられています。このあたりでも、樹木、草本ともにシカの被害が激しいようです。

なぜ草原ができたのだろうか？

ここで見られるような風衝草原は、もともと、風のために樹木が生えていないのか、それとも過去に入会地（放牧や薪を取るためなどに利用された、住民の共有地）などとして人間に利用されることによって植生がなくなり、その後、風衝のために、植生の回復が遅れているのかは確認できません。いずれにしろ風衝の影響で樹木の侵入が抑えられている場所です。

しかし、樹木の侵入が抑えられているのは、風の影響だけでしょうか？大菩薩嶺へ向かう途中の風衝草原の上には、所々に直径２ｍを越える巨礫が見られます。そして、この草原は、日川流域の西斜面に位置しています。また、ここで見られるような風衝草原は、日川流域の別の場所（大菩薩峠から南に黒岳（くろだけ）へ向かう小金沢連嶺の西斜面）でも稜線上に何カ所か見られます。先に、日川の流域は氷期の化石の斜面である可能性があると述べました。寒冷だった氷期は風化作用が活発で、大きな岩がたくさん生産されました。岩がゴロゴロ転がった斜面には樹木は根付きにくいようです。だとすると、風衝草原に木が生えにくいのは、風だけが原因でなく、斜面に氷期に生産された岩塊が堆積したまま残っていて樹木が根付きにくい、という理由もあるのかもしれません。

弱り目に祟り目といいますが、岩塊と強風の両方が重なって、樹木の侵入を妨げているのでしょう。

⑥雷岩〜大菩薩嶺頂上(微妙に変化するコメツガ、シラビソ林)

　雷岩は、頂上への道と唐松尾根との分岐点です。雷岩から大菩薩嶺頂上までは、**コメツガ**と**シラビソ**を主体とする針葉樹林になっており、静かな山歩きを楽しめます。この針葉樹林では、高木層は、東側の斜面で**シラビソ**が、西側の斜面で**コメツガ**が多い傾向があります。亜高木層は、**コメツガ、シラビソ、ナナカマド、ミネカエデ**が目立ちます。低木層は、**ミネカエデ、ナナカマド、サラサドウダン、ヤマツツジ**のほか、**シラビソ**や**コメツガ**の稚樹もよく見られます。林床は**ミヤコザサ**が生い茂っています。東斜面は、西斜面よりも高木の樹高が高く、亜高木層や低木層も豊かで、階層構造が発達する傾向があります。風の影響(東側斜面は風下、西側斜面は風上)もあるのでしょうか。同じ針葉樹林でも、場所によって少しずつ特徴に違いがあります。森の中の様子はどこでも一様というわけではなく、場所によっては、**シラビソ**あるいは、**コメツガ**の稚樹が密生している所があります。そこは細い木から太い木までさまざまな年齢の木が高い密度で生えていて、活発に世代交代している場所です。また、別の場所では、高木(シラビソやコメツガ)の稚樹よりも、**カエデ類**などほかの樹種が亜高木層や低木層を占め、針葉樹

雷岩付近のシラビソ、コメツガ林。倒れていた木の断面の年輪を数えてみたら200年分位あった

細い木が密集するシラビソ林。若い木が競争している。倒れてしまったものもある

風衝草原の縁のイラモミ、ダケカンバ。タフな樹木たちである

だけでなく広葉樹もよく交えた樹林をつくっています。

⑦唐松尾根（針葉樹と広葉樹が混じる森）

　頂上から雷岩へ引き返して、唐松尾根を下山します。唐松尾根は針葉樹林と風衝草原の境界となっています。風衝草原の縁には、イラモミやダケカンバが生えているのが見えます。

　急な登山道をしばらく下ると、南東側斜面が**カラマツ**の植林地となります。山梨県では、寒冷に耐えることができるカラマツを広い範囲に植林してきました。日川流域にも広範囲にカラマツの植林を見ることができます。

　カラマツは針葉樹としては珍しく落葉樹です。カラマツ林は、春の新緑や秋の黄葉の時期には、息を呑むような美しさを見せてくれることがあります。北西側斜面は、針葉樹（**コメツガ、シラビソ、イラモミ**）、**ミズナラ、ダケカンバ**の樹林となります。これらは、混じり合うこともあり、また、そのうちの1種が優占することもあります。ブナも見られますが、優占するまでには至っていません。

　亜高木層や低木層は、**ミネカエデ、ウリハダカエデ**などの**カエデ類、ナナカマド、サラサドウダン**などが見られます。林床は**ミヤコ**

針葉樹とダケカンバの混じる樹林。風衝草原に比べて森らしい森となる

ザサで覆われています。唐松尾根は常緑針葉樹林帯と落葉広葉樹林帯との境界であり、両方の樹林帯の木が交じり合っていたり、どちらかの木に偏っていたりする様子が見られます。

登山道の傾斜が緩やかになるとまもなく「福ちゃん荘」に到着します。上日川峠からは、時間と体力に余裕があって、バスに間に合えば徒歩で裂石まで下ってもよいですが、そうでなければ、タクシーで塩山まで下った方がよいでしょう（料金は5000円程度）。

9 金峰山(きんぷさん)

森林限界を眼下に眺める爽快な稜線漫歩

　金峰山（標高2599m）は、長野県と山梨県の県境に位置する秩父山地の主峰です。山頂に五丈岩(ごじょういわ)とよばれる花崗岩(かこうがん)の大岩があるため、遠くからでもそれと確認できる山です。

　山頂から東に向かって、朝日岳(あさひだけ)、国師ヶ岳(こくしがたけ)など標高2500m級の峰が連なっていて、その主稜線は日本海に向かう千曲川水系と、太平洋に注ぐ富士川水系を隔てています。

　以下に紹介する「大日岩(だいにちいわ)ルート」は、西麓の里宮平(さとみやだいら)から金峰山山頂へ向かうルートです。出発点は標高約1500m、山頂は約2600mというこのルートは、落葉広葉樹林帯のエリアから、常緑針葉樹林帯のエリア、さらには、**森林限界**を超えてハイマツ低木林などの高山帯へと、3つの植生帯を移動します。

　出発点に近い落葉広葉樹林帯では、「高原の顔」ともいえる**シラカバ**や、**ミズナラ**が多い森が見られ、さわやかなスタートを切ることができます。やがて、このコースの大部分を占める針葉樹林帯に入ります。苔むした岩や倒木と、そこに育つ若い木に、深山の森の歴史を見ましょう。

　針葉樹は独特のよい香りを発します。亜高山に登ってきたことを実感しながら、静かな山旅を満喫しましょう。また、金峰山はシャクナゲでも有名で、6〜7月は美しい花を楽しめます。

　そして最大のみどころは森林限界です。森林限界の上は、急に視界が開け、**ハイマツ**や**ダケカンバ**の緑のじゅうたんが広がります。**稜線は展望抜群**です。斜面には、白い岩々とハイマツ原が鮮やかなコンストラストをつくり出しています。樹木と岩とのたたかいのドラマと、ハイマツの巧みな生存戦略を、雲上の稜線から眺めましょう。

　本コースは本書の中でも最も歩行時間が長く、標高差も1100mと

コース案内図と地形図

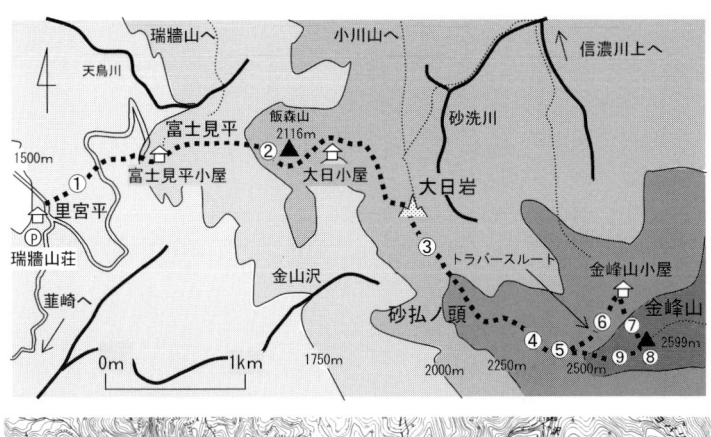

国土地理院発行2万5000分の1地形図「瑞牆山」を使用

コース　JR韮崎駅→（バス）→増富温泉→（バス＊運行状況を確認しましょう）
→瑞垣山荘（里宮平）→①→富士見平→②→大日岩→③→④森林限界→⑤
→トラバースルート分岐点→⑥→金峰山小屋（宿泊）→⑦→⑧金峰山頂上
→⑨→トラバースルート分岐点→森林限界→大日岩→富士見平→里宮平
歩行時間：8時間30分

金峰山

最大です。体力と時間を要しますが、その分、森の観察ポイントや絶景ポイントもたくさんあります。金峰山荘に一泊（営業期間は事前に確認しましょう）することをオススメします。十分に休養をとって、時間に余裕をもって安全登山を心がけましょう。

みどころ
- さわやかな高原の顔、シラカバとミズナラの森
- 亜高山の香り漂う針葉樹林
- 波打つ森林限界の秘密
- 広がるハイマツ原とその巧みな戦略
- 山頂の岩塔（五丈岩）とダケカンバの低木林
- 360°絶景の稜線

主な樹木
常緑広葉樹：アズマシャクナゲ、ハクサンシャクナゲ

落葉広葉樹：ミズナラ、シラカバ、ウリカエデ、ウリハダカエデ、ハウチワカエデ、ミネカエデ、リョウブ、アオダモ、ダケカンバ、ナナカマド、オオカメノキ、トウゴクミツバツツジ、ヤマツツジ

常緑針葉樹：シラビソ、コメツガ、ネズコ、ゴヨウマツ、ハイマツ

①里宮平～富士見平（ミズナラ、シラカバ林が見られる落葉広葉樹のエリア）

瑞牆山荘のある里宮平（標高約1500m）を出発して、富士見平（標高約1800m）へ向かいます。里宮平から、富士見平までは、落葉広葉樹林帯であり、**ミズナラ**を主とする樹林が見られます。

緩やかな里宮平を歩きながら、森を見渡してみましょう。樹皮に縦に割れ目の入ったミズナラや、白い樹皮が特徴的な**シラカバ**が目立ちませんか。この森では、高木層はミズナラとシラカバが優占し、亜高木層には、**ウリカエデ**、**ウリハダカエデ**、**ハウチワカエデ**などのカエデ類や、**リョウブ**が優占します。これらは本州のミズナラ林によく見られる樹種です。低木層には、**カエデ類**、**アオダモ**、**トウゴクミツバツツジ**、**オオカメノキ**などが見られます。林床は一部を除き、ササ類があまり茂っておらず、多様な植生が見られます。

ミズナラ、シラカバ林。かなりの大木になっている

ブナと**ミズナラ**はともに落葉広葉樹林の主役（極相種）ですが、**ミズナラ**は**ブナ**よりも乾燥した地方に分布します。両者の分布の境界は成長期（4〜10月）の合計降水量が約800mmの線です。里宮平西5kmほどの所にある国土交通省の増富雨量観測所の記録によると4〜10月の合計降水量（過去10年間の平均）は856mmです。里宮平はこの境界に近いようで、**ブナ林**の方が成り立つ可能性がやや高いというところでしょう。**ブナ**よりも**ミズナラ**の方が陽樹的な性格を持っており、例えばブナ林を伐採した後には**シラカバ**などとともに二次林をつくります。**シラカバ**は、牧場のような、樹木がなくなった場所に真っ先に生える陽樹です。地元の人の話から里宮平はかつて（昭和初期まで）牧場に利用されていたそうで、この**ミズナラ、シラカバ林**も、牧場の後にできた二次林であるようです。

　斜面には、直径5m以上の花崗岩の巨石が点在しています。富士見平に近づくにつれて、**シラビソ**や**コメツガ**が混じるようになります。

シラカバの景観

　高原に似合う樹木といえば、シラカバがナンバーワンではないでしょうか。シラカバは、標高1000〜1500m位に分布する（それ以上はダケカンバに代わる）、白い樹皮が美しい樹木です。

　典型的な陽樹で、撹乱地（植生がなくなった土地）に先駆的に侵入して樹林をつくります。まれに純林をつくることがありますが、寿命は短く（70年程度）、多くは寿命がつきた後に、ブナやミズナラなどの陰樹に取って代わられてしまいます。

　中部地方の山麓によく見られる牧場は、人為的な撹乱地であり、シラカ

バが二次林をつくり、しばしば美しい景観を生み出しています。また、カラマツを植林したのにうまく育たず、シラカバ林となってしまったケースもあります。ただし、まれに、夏と冬の気温差が大きく、雨量や積雪量が少ない内陸的な気候の場所では、シラカバの純林をつくっていることがあります。とくに、火山地域など土壌の発達が悪い場所では、陽樹であるにも関わらずシラカバの森が長く継続するようです。このように土地の条件によって、陽樹の森が長く継続している状態を「土地的極相」といいます。

②富士見平〜大日岩（いよいよ亜高山の常緑針葉樹のエリアへ）

　富士見平には富士見平小屋（無人）があります。富士見平を出発して、しばらくはカラマツの植林の斜面を登っていきます。斜面の上の尾根に出ると、**コメツガ、シラビソ**の樹林に変わります。落葉広葉樹林帯から、常緑針葉樹林帯に移行したところです。いよいよ深山の雰囲気が漂ってきます。

　しばらく急坂を登っていき、飯森山(めしもりやま)を南側から巻いて、なだらかな鞍部をしばらく行くと、大日小屋に着きます。飯森山は、輝石安山岩(きせきあんざんがん)のマグマが花崗岩を突き破って貫入してきた山で、その東側は緩やかな鞍部になっています。付近は立派な針葉樹林が見られます。この鞍部のような緩やかな地形の場所では、後に歩く森林限界付近などに比べると、風の強さや土壌の厚さなど生育条件が良好な場所なのかもしれません。登山者にとっても、この緩やかな道は、森を眺める余裕を与えてくれます。この区間は全体的に、**コメツガとシラビソ**の樹林が続きます。高木層には、**コメツガ**が多く**シラビソ**が混じります。また、場所によっては、**ネズコ、ゴヨウマツ**などが点

苔むした倒木が多いコメツガ、シラビソ林

在します。高木のコメツガやシラビソは大木が多く、亜高木層や低木層も、高木（コメツガやシラビソ）の後継樹であって、そのほかの種類の木はほとんど見られません。

林床は、倒木が多く、落枝が地表を覆っています。倒木には**コケ**が生えています。コケは、樹木の根が乾燥するのを防ぎ、水分を根に供給しており、木の生育にとって重要な役割をもっています。

大日小屋からやや急な道を登っていくと、巨大な岩塔である大日岩に到着します。まぶしいほどの白い花崗岩でつくられた大自然のモニュメントです。休憩用のベンチがあるので、花崗岩の美しい白い岩肌を見ながら、一休みしましょう。

岩塔（がんとう）はどうしてできたのか？

大日岩や山頂の五丈岩（ごじょういわ）のような稜線上にある岩塔はトアとよばれます。谷底ならまだしも、稜線の上に巨大な岩があるのは不思議な感じがします。トアは、なぜ稜線の上にあるのでしょうか。これには節理（せつり）といわれる岩の割れ目に秘密があります。

金峰山や国師ヶ岳の周辺は、地質的には地下から突き上げてきたマグマが、地中で冷えて固まった花崗岩地帯です。この花崗岩は、一定の方向に節理（割れ目）が発達していて、風化しやすい性質を持っています。このため、花崗岩地帯では、氷期に凍結破砕作用といわれる風化作用によって岩盤が砕かれて大きな岩が切り出されました。切り出された巨岩は斜面を覆い、岩がごろごろしている斜面がつくられました。その岩々は、匍行（ほこう）といって、ゆっくりと斜面の下方に移動することによって、広がっていきました。

岩の大きさを決めたのは、節理の間隔です。節理間隔が大きいほど、巨大な岩が生まれます。節理の間隔は場所によってまちまちです。このため、間隔が大きい場所は、大きな岩ができ、間隔が小さい

稜線上のトア

場所は小さな岩ができました。大きな岩は移動しにくいので、節理間隔が大きかった場所は尾根として残りました。逆に、小さい岩は移動しやすいため、節理間隔が小さかった場所は谷になりました（谷といっても浅い谷です）。節理間隔が最も大きかった場所は、生まれた岩が巨大で、斜面下方に移動しなかったため、巨大な岩塔が尾根の上に取り残されました。これが「トア」とよばれる花崗岩の岩塔です。

③大日岩〜森林限界（深い常緑針葉樹の原生林）

大日岩を後にして、山頂を目指しましょう。大日岩直下（標高2180m）から砂払ノ頭（すなばらいのかしら）（標高2317m）までは、**コメツガ**の大木が多い針葉樹林が続きます。林床は、コメツガの稚樹が覆っており、場所によっては、**アズマシャクナゲ**や**ハクサンシャクナゲ**といった**シャクナゲ類**が多いこともあります。

砂払ノ頭（標高2317m）付近は、平坦な地形です。回りの針葉樹林を見ると、場所によっては、細い木ばかりが密生している場所があります。また、小規模なギャップが所々にあって、ギャップには

コメツガ林の林床。林床には後継樹が多い

シラビソの高木が枯死したギャップ。若い後継樹が伸びている

高木の後継樹が密生しています。稚樹は、できるだけ光を効率よく獲得しようと横に枝を広げる傘のような形をしているものもあります。密に茂った細い木の中には、光をめぐる競争に負けて枯れているものも少なくありません。

　なお、砂払ノ頭付近は、南斜面に迷いこむと断崖になっています。道をはずれて南側の斜面に迷いこまないようにしましょう。

シラビソのジレンマ

　シラビソは、寿命が短い（100年以下で枯れるものが多い）ため、早いサイクルで更新（世代交代）を繰り返すという特徴をもっています。また、風に倒れやすく、台風などによる強風でかなりの面積が倒れることがあります。

　シラビソは陰樹であるため、林床に、稚樹がたくさん育っていることがよくあります。寿命や風などで高木が倒れると、林床まで日光が入るようになり、稚樹が成長して、ギャップを修復します。ただし、あまり大きなギャップが形成されると、日光が強すぎて稚樹が育たないようです。高木が倒れてギャップができると、稚樹は急激に強い光を浴びることになります。人間にとって紫外線はお肌の敵といわれていますが、シラビソの幼い木にとっても過度の紫外線は有害なのです。

金峰山

> このコースでは、後に稜線の上を歩きますが、稜線から、北側の斜面や周囲の山の斜面を眺めると、針葉樹林のギャップが同じ針葉樹の後継樹によって修復されつつある場所もありますが、一方で、針葉樹の代わりにダケカンバが侵入している場所も見られます。樹木にとって光合成のために光は必要な存在ですが、とくに幼い木にとっては、強すぎて毒になるという、両刃の剣でしょう。適度な大きさのギャップや、林縁（樹林の縁）など、適度な光があたる環境がシラビソの稚樹にとっては生育しやすいようです。

④森林限界付近（突然視界が開ける感動のポイント）

砂払ノ頭（標高2317m）から、大岩がゴロゴロした急な登り坂をしばらく登ると、突然、稜線に出て視界が開けます。ここが森林限界です。標高は2400m位です。

森林限界とは、**シラビソ**や**コメツガ**などの高木林と、**ハイマツ**などの低木林との境界です。高い木がなくなるので、視界がとてもよくなります。

森林限界の直下の森はどんな様子でしょうか。森林限界の直下の森林には、高さ10m程度の**コメツガ**、**シラビソ**（オオシラビソも含む）、**ゴヨウマツ**、**ネズコ**が生えています。**ネズコ**は太平洋側ではめずらしい針葉樹ですが、金峰山にはよく見られます。**ネズコ**や**ゴヨウマツ**は尾根上などの土壌が薄く、乾燥した場所によく見られる木です。この場所の環境も厳しいのでしょう。低木層にはシラビソ、コメツガの稚樹のほか、**ハクサンシャクナゲ**、**ヤマツツジ**、**ミネカエデ**などが見られます。林床には、ミヤマカタバミ、マイズルソウなどの多様な草が見られます。

森林限界直下の樹林

稜線から森林限界の木々の様子

森林限界より上の背の低い木々

を観察して見ましょう。森林限界の付近では、これまで出会ってきた木々が、**背を低くして風や寒さに耐えています**。例えば、**シラビソ、ゴヨウマツ、ダケカンバ、ナナカマド**などは、高さ3～5m程度の状態で立っています。その下には、高さ1m程度の**コメツガ、ハイマツ、ネズコ、ハクサンシャクナゲ**が生育しています。これは、森林の最上部、あるいは最前線の姿といっていいのかもしれません。

森林限界を超えると一転して、高木がなくなり明るく開けた稜線になります。輝くような白い花崗岩の大岩と、濃い緑のハイマツやシャクナゲが、美しいコントラストをつくります。アルペン的な山容は、山頂まで続きます。

⑤森林限界～トラバースルート分岐点（波打つ森林限界を眼下に）

森林限界を超えて稜線を辿ります。稜線の両側を見ると、北斜面と南斜面で様子が異なります。北斜面は沢がほとんどない

山頂を目指して稜線を歩く

金峰山

傾斜の緩い平滑な斜面ですが、南斜面は崖が多い急斜面です。とくに切れ落ちた崖の所では、千代ノ吹上という地名がついています。慎重に足を運びましょう。北側斜面では、森林限界（針葉樹林とハイマツ原との境界）が、よく観察できます。

森林限界の線はどのような形をしているでしょうか。森林限界の線は波状に上下していて、その最大高度差は300mほどあります。針葉樹林のエリアは、半島状（舌状）にハイマツ原に食い込んでいます。針葉樹林は、必死になって、**ハイマツ原に侵入しようとして**いるように見えます。

目を転じて、稜線の南側も見ておきましょう。主稜線から南側に向かって枝尾根（「八幡尾根」）がのびています。途中でこの枝尾根がよく見える場所があるので、少し観察しましょう。この枝尾根の西斜面には、トア、**ハイマツ原、半島状にのびる樹林帯**といった景観の組み合わせが見られます。一部には岩ばかりでハイマツさえも生えていない場所もあります。これらは、金峰山の森林限界から上

樹林の半島状の分布。五丈岩付近から、千代ノ吹上方向を望む

の高山帯に典型的な地形や植生の単位です。

　時間に余裕があれば、ノートにスケッチするのも一興でしょう。しばらくは、北斜面の森林限界はずっと下の方に下がって、**ハイマツ原**が続きます。ハイマツ原では、**ハイマツ**のほか、**コメツガ**、**ネズコ**、**シャクナゲ**などが、1m以下の高さで地表を覆っています。場所により、**ナナカマド**、**オオバスノキ**が見られ、地表にはコケモモ、アオノツガザクラなどが見られます。

森林限界はどう決まる？

　金峰山では、どのようにして森林限界が形成されたのでしょうか。何かが、樹木の侵入を阻んでいるのでしょうか。

　金峰山の東にある朝日岳や国師ヶ岳は、金峰山と同じくらいの標高の山ですが、山頂まで針葉樹林に覆われています。気温だけから考えると、金峰山も山頂まで森林に覆われるはずです。なぜ金峰山には、森林限界が見られるのでしょうか。

　その秘密は、巨大な礫にあります。稜線やハイマツ原を観察してみましょう。稜線には、直径5mは越えるかと思われる巨大な岩がゴロゴロしています。ハイマツ原の中にも巨大な岩が所々に頭をのぞかせています。この巨岩は、寒冷だった氷期に、風化作用（凍結破砕作用）が激しくなって、たくさん生産されたものです。

　金峰山をつくる花崗岩は、節理（岩にできる割れ目）の間隔が広いため巨礫が形成されやすく、花崗岩の岩塊がたくさん生産され、斜面を覆っています。このような斜面を岩塊斜面といいます。

　実は、森林は、この巨大な岩塊の上には根付くことができず、それで、金峰山には森林限界が出現したことが過去の研究でわかっています。

　登山道を登りながら足元を観察すると、森林限界より下では、長さ1m以下の岩が多く、森林限界より上では、長さ2～3mの巨大な岩が多い傾向があります。森林限界より下の岩も氷期につくられたのですが、つくられた時期が比較的古く、それほど巨大ではないので、森林がその上に成立することができました。森林はもっともっと上まで勢力を拡大しようとするのですが、巨大な岩（氷期でも新しい時代につくられたもの）に阻まれて、根付くことができないのです。山を登りながら、足元の岩の大きさを気にしてみるのもおもしろいですね。

⑥トラバース（横断）ルート（トンネルのような樹林帯を横断）

　トラバースルート分岐点から金峰山小屋に向かって、トラバースルートを辿ります。トラバースルートは、標高2450mあたりを等高線に沿って山頂の北側を巻くルートです。ここでは、まるで樹木のトンネルをぬけるように半島状の樹林帯を横断します。

　分岐点からしばらくはハイマツ原（つまり森林限界の上）の中を歩きます。**ハイマツ**のほか、**コメツガ**、**ネズコ**、**シャクナゲ**の3種類の低い木々が混じります。林床には**コケモモ**が多く見られます。

　ハイマツ原を50mほど歩いて、樹林の中に突入しましょう。森林限界直下とは思えないほど立派な樹林です。高木の高さは10m程度で、高木層〜亜高木層には、**シラビソ**、**コメツガ**に**ダケカンバ**が混じります。低木層は、**シラビソ**、**コメツガの稚樹**、**ハクサンシャクナゲ**、**ヤマツツジ**、**クロマメノキ**、**ナナカマド**など豊かです。林床には、**シラビソ**、**コメツガ**、**ナナカマドの稚樹**、**シャクナゲ**、**ヤマツツジ**、ゴゼンタチバナ、コケ類、シダ類などがあります。ハイマツ原と比較すると、土壌がよく発達していて、地表のコケ類も多くなっています。

　森林限界付近の樹林帯ですが、植生の豊かさには驚かされます。樹林は距離にして300mほどで終わり、再び明るいハイマツ原に出ます。100mほどハイマツ原を歩くと金峰山小屋に到着します。小屋の周りからは今日歩いた稜線や、周囲の山々の抜群の展望を楽しめます。今日はここで宿泊して、十分な睡眠を取り明日に備えましょう。

トラバースルートの樹林。高木の高さは10m程度だが、立派な森だ

波打つ森林限界

　トラバースルートは、ハイマツ原と樹林の両方を通過します。それは、写真のように、森林限界（針葉樹林とハイマツ原の境界線）が、上下に波を打つ形だからです。ハイマツ原は、高い樹木の侵入を阻む巨大な岩塊が分布している範囲です。つまり、森林限界とは、巨岩の分布範囲の下限の線に一致するわけです。岩が斜面を下方に移動する際に、岩の大きさの差などにより、速く移動する場所と遅く移動する場所があり、そのため巨岩の分布範囲の下限の線が波状になります。そのため、森林限界は波打つわけです。写真は、稜線から金峰山小屋方向を眺めた写真です。この景観はぜひ見ておくとよいと思います。

トラバースルート付近の森林限界。登山道は半島状の樹林の中をぬけていく

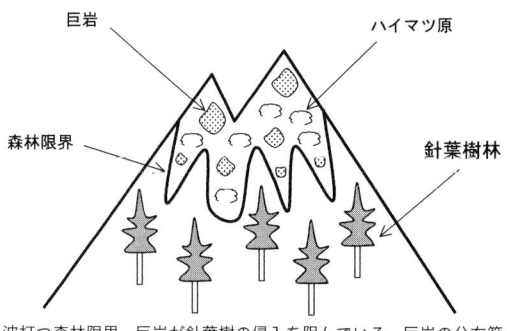

波打つ森林限界。巨岩が針葉樹の侵入を阻んでいる。巨岩の分布範囲の下限は波打っているため森林限界も波打っている

金峰山小屋付近のハイマツ原。所々にシラビソが頭を出しているが、風のせいで旗ざお型になっている。風が厳しいのだろう

⑦金峰山小屋〜山頂（ハイマツ原と風に耐えるシラビソ）

　金峰山小屋から、金峰山山頂へ向けて出発します。しばらくは、**ハイマツ原**の中を登って行きます。**ハイマツ原**には、高さ3m位の**シラビソ**が点々と頭を出しています。シラビソのほとんどが、風の影響で、風下側に枝を多く出す「旗ざお型」の樹形をしており、強風に耐えてきたことがしのばれます。背は低いのですが、樹齢はかなり高いのではないでしょうか。また、高さ1m以下の**コメツガ**、**ハクサンシャクナゲ**、**ネズコ**なども混じっています。これから長い時間をかけて、**シラビソ**などの樹木が増えていって、少しずつ森林ができるのでしょう。

　登山道は花崗岩の大きな岩々を乗り越えるように進みます。ルートを示してくれる赤ペンキの丸印も花崗岩の白い大岩に付けられているので、よく目立ってくれます。

ハイマツはなぜ生きている？

　北アルプスをはじめとする中部山岳では、森林限界を超えるとハイマツ原（ハイマツ低木林）が広がっています。ハイマツは、なぜほかの針葉樹が育たない場所でも生きていられるのでしょうか。

　ハイマツは、背が低く、盆栽のように曲がりくねって地を這っています。そして、針のような葉をたくさん茂らせています。実は、この姿にハイマツの戦略が隠されています。先に述べたように森林限界に近い場所は、氷期に生じた岩塊斜面が障害となって針葉樹林は侵入できませんでした。ハイマツはその点で、あまり大きくならず、地を這うような樹形をもっているために、礫の隙間の砂礫が堆積した場所にへばりつくように根付くこと

ができます。

　もうひとつ、岩塊斜面と並んで森林の成立を阻んでいるのは、強風です。樹木の生育にとって、強風は過酷な障害となります。高山の稜線はとくに風が強く、時にすさまじい強風が吹き荒れます。強風のためにシラビソやコメツガは、枝や葉が傷つき、その傷口から水分が蒸発してしまい乾燥のため枯れてしまうのです。

　ところが、背の低いハイマツは、この強風を雪の中に自らうずもれることによってやりすごすのです。初冬の雪の降り始めから、ぎっしりついた葉がすばやく雪を捉えて、雪の中にうずもれてしまいます。雪は保温効果もあり、風よけになります。高木にとっては枝や幹が折れる原因になる雪圧も、ハイマツは地を這うような低木であり、さらに幹が柔軟なため折れないという特性をもっているため、耐えることができます。ただし、稜線に最も近い、風が非常に強い場所では、守ってくれる雪が吹き飛ばされてほとんど積もらないため、ハイマツは生育できません。

　また、雪があまりにも多い場所でもハイマツは生育できません。これは積雪量が多すぎ初夏まで雪に覆われていると、光合成をすることができる期間が短くなってしまうからです。

⑧金峰山頂付近（ダケカンバ低木林と360°の絶景パノラマ）

　頂上が近づくにつれて、ハイマツが少なくなり、高さ１m程度の**ダケカンバ**が増えてきます。長さ５mを越える巨岩が目立つようになり、頂上直下は、巨岩の隙間に低木が生えている場所となります。

　山頂付近で、ハイマツよりもダケカンバの方が多い理由はよくわかりませんが、風の強さや土壌の状態に関係あるのかもしれません。ダケカンバの間には、**コメツガ、ハイマツ、シャクナゲ**が混じります。地表では、岩と岩の間のわずかな隙間にある土壌にコケモモ、アオノツガザクラなどが見られます。山頂付近には、稜線に取り残された巨岩が累々と重なっています。山頂の西側には、巨大なトアである五丈岩がそびえています。高さは10mほどで、１～５m程度の間隔で節理が入っています。山頂は360°のパノラマが広がり、晴れていれば富士山、南アルプス、八ヶ岳も望める絶景の地です。周

金峰山

辺の山々も花崗岩地帯にあるため、所々に岩峰やトアが発達した稜線を眺めることができます。花崗岩の岩の上で昼寝を楽しむのもまた格別です。

⑨山頂〜トラバースルート分岐点（高山の植生分布全体を眺められる好ポイント）

山頂から稜線づたいに千代ノ吹上方向へ下山します。五丈岩の西側は、ダケカンバの疎林、ハイマツ原、半島状の針葉樹林といった金峰山の植生分布を見ることができる絶好のポイントです。昨日登ってきた千代ノ吹上方向の稜線を遠望してみましょう。

五丈岩から距離にして200mほど歩くと、植生は**ダケカンバ**から、**ハイマツ**に変化します。緩やかな稜線を下り、小さなトアのある小ピークの下から、やや急な下りになり、その坂を下り終わると、傾いた三角形のトア（分岐点の直上に位置します）があります。そのすぐ手前で森林限界の前線を見ていきましょう。稜線の北側には、上層に高さ4〜5mの**シラビソ**の低い木が見られ、下層には**ハイマツ**や**シャクナゲ**が見られます。ここは、半島状に這い上がってきた森林が稜線にまで達した場所です。

森自体が一つの生命体として、山を登ってきているような錯覚さえ覚えます。

遠い将来には、徐々にハイマツ原に高木が侵入し、山頂まで森林に覆われていくのかもしれません。

三角形のトアの下から、北斜面を下ると、トラバース分岐点に着きます。トラバース分岐点から往路を下山します。

なお、日程に余裕があれば、金峰山から、東に向かって稜

山頂北斜面の岩塊とダケカンバ。背後は五丈岩

金峰山山頂北斜面の岩塊斜面。右上が五丈岩

線を辿り、朝日岳を越えて、大弛峠まで縦走してもよいでしょう。このルートはシラビソの美しい縦走路です。ただし、大弛峠はバスが通っていません。人数がある程度いれば、タクシー（塩山駅まで1万1000円程度）で塩山駅に下ってもよいでしょう。

10 富士山

森が生まれる最前線をこの目で見に行こう！

奥庭から眺める富士山

　富士山（標高3776m）は、もちろん日本で一番高い山です。美しい円錐形の山容は、どこから見ても絵になりますが、五合目の山懐から見上げると、その迫力に圧倒されます。

　富士山の北斜面には、標高2400m位の所に**森林限界**があります。その上は、**火山荒原**とよばれる砂漠のような場所です。富士火山が降らせた軽石をザクザクと踏みしめながら、その境界を歩きましょう。そこで、長い年月をかけて、富士山を這い登ろうとしている森の姿が見えてきます。

　ここで紹介するコースは、小御岳神社のある五合目（スバルライン終点）から、標高約2350mの等高線に沿ってのびる「御中道」という道を辿ります。御中道は、一部通行不能の場所もありますが、富士山の中腹をほぼ水平に一周している道です。富士山の五合目山麓を東から西に向かっててくてくと歩き、さらに御庭や奥庭という溶岩の上に成立したみごとな**針葉樹林**を訪ねます。

　このコースは標高差はほとんどなく、歩道も整備されていて、天気がよければ、富士山を真下から眺めながら快適な散策を楽しむことができます。樹林がない場所も多いので、帽子を忘れず被っていきましょう。

コース案内図と地形図

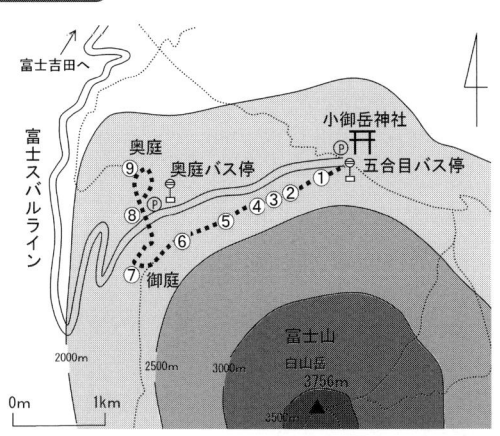

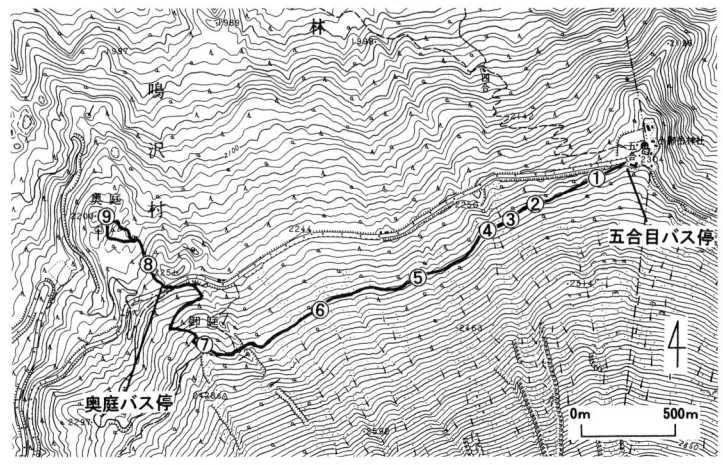

国土地理院発行2万5000分の1地形図「富士山」を使用

コース　富士急河口湖駅→（バス＊運行状況を確認しましょう）→五合目バス停→御中道→①〜⑥→⑦御庭→⑧奥庭バス停付近→⑨奥庭遊歩道→奥庭バス停
歩行時間：2時間

みどころ　●森林限界最前線のカラマツ林

富士山

- ●雪に耐える美しいダケカンバ林
- ●カラマツを育てる母の木ミネヤナギ
- ●土をつくる知恵者ミヤマハンノキ
- ●溶岩に立つコメツガとシラビソ

主な樹木　常緑広葉樹：ハクサンシャクナゲ

落葉広葉樹：ダケカンバ、ミネヤナギ、ミヤマハンノキ、ナナカマド

常緑針葉樹：シラビソ、コメツガ

落葉針葉樹：カラマツ

①五合目西（成熟した森の姿を見せるシラビソ林）

　五合目から御中道を御庭に向かって出発しましょう。五合目のバス停脇から御中道の遊歩道に入ります。遊歩道に入るとすぐに、**シラビソ**の樹林に入ります。カラマツは混じりますが、コメツガはほとんど見られません。

　地表は溶岩の上にスコリア（黒色や赤色の軽石）が50cm程度堆積しています。林床はコケに覆われ、**ハクサンシャクナゲ**のほか、**シラビソ**の稚樹が見られますが、カラマツの稚樹は見あたりません。これは、カラマツが陽樹、つまり日陰に耐える力が弱いため、母樹の下では暗すぎて稚樹が生きのびられないためです。このシラビソ林は、森林限界に近い場所にありますが、陰樹であるシラビソがしっかりと高木にまで育った極相の森です。

②ダケカンバ林

　シラビソ林をぬけて、スコリアの涸れ沢を渡り、しばらく歩くと、樹皮が明るく輝く**ダケカンバ**の樹林が見られます。低木層には**ハクサンシャクナゲ**や、**ミヤマハンノキ**が多く育っています。**ダケカンバ**は、雪の影響で、大きく根から曲がっています。根元では幹がほとんど水平になっている木も見られます。積雪が多い場所では、斜面の下方向に雪の重みがかかり、あるいは、雪崩の圧力によって、ダケカンバの幹が大きく曲がります。カラマツは幹が直立する性質

曲がりながら生えるダケカンバ。雪のためほとんど横方向に幹がのびている。しかも根元から幹を株立ちさせて、生きのびる確率を高めようとしている

をもつため、ダケカンバのようにしなやかに幹を曲げることはできず、積雪の多い場所では生育できません。**ミヤマハンノキ**も雪崩に強いという性質をもつので、積雪の多い条件の土地でも見られます。**ダケカンバ**と**ミヤマハンノキ**の2つの種は、雪崩のよく発生する斜面に生き残れる樹木の代表です。

このエリアは、溶岩流が流れ下った流路の跡です。足元を注意して見ると、溶岩が露出している所が点在し、この付近の地盤の土台は溶岩であることがわかります。五合目から御庭にかけては、3～4列の溶岩流跡（約1000年前に流れたもの）を横切ります。

富士山は1000年ほど前まで、スコリアを撒き散らしたり、火口から溶岩を流すような噴火をしていました。溶岩流の跡地は、スコリアの原野に比べると、地盤が安定して、土壌が発達しています。溶岩流跡地はスコリアの原野よりも表層の土壌の移動が少なく、植物にとっては有利なのでしょう。林床には、ダケカンバの森の定番といってもいいような、シャクナゲやコケモモが見られます。

③カラマツ疎林（遷移の初期の樹木たち）

ダケカンバ林をすぎると、スコリア原の上に**カラマツ**（高さ7～8m）の疎林が現れます。地盤は、溶岩上にスコリアが厚く堆積し

富士山

カラマツ疎林。歩いていると足元のスコリアが移動しやすい（崩れやすい）のがよくわかる

ているスコリア原です。

カラマツの疎林には、**ミネヤナギ、ダケカンバ、ミヤマハンノキ**が混じります。ミヤマハンノキは、遷移の初期に重要な役割をはたします。窒素は植物の生育に不可欠な養分ですが、富士山の森林限界付近のように地中に窒素が少ない場合、植物はとても困るわけです。**ミヤマハンノキ**は、根に根粒菌という菌を住まわせて、この菌に空気中の窒素を取り込んでもらっています。窒素をもらう見返りとして、菌に対しては栄養分などを与えています。こうして生長したミヤマハンノキの葉や枝は、枯れて地中で分解され、地中に養分が蓄積されていきます。

ミヤマハンノキは、菌と手を組むことによって、厳しい環境でも生きていく能力を身に付けたわけで、本当にすごい知恵だと思います。

なぜ富士山にハイマツがいないのか？

北アルプス（飛騨山脈）や南アルプス（赤石山脈）などでは、森林限界付近には、ハイマツが見られますが、富士山では見られません。その理由は以下のようなものです。

ハイマツや高山植物は氷期（約2万年前にピークがあり約1万年前に終わった寒冷期）に分布を拡大し、それが現在生き残っているものです。しかし、富士山が形成されたのは約1万年前であり、富士山は氷河期を経験していない新しい山であるため、高山植物が少なく、ハイマツが侵入できなかったと考えられています。

ハイマツの代わりに、富士山では、カラマツが生育しています。カラマツは厳しい環境（強風やスコリアの移動、乾燥、低温）にとても強いらしく、先駆樹種としてスコリアの裸地に点々と生えています。

④火山荒原

カラマツの疎林をすぎると、スコリアの裸地に出ます。火山荒原とよばれる植生の見られない場所です。火山荒原では、富士山特有の高山植生（森林限界を超えた植生）が見られます。

原野にパッチ（島状の植生）が点在しているのが見えるでしょうか。これらのパッチは多くが**ミネヤナギ**です。富士山の北斜面では、ミネヤナギは、真っ先にスコリア原に定着する植物です。ミネヤナギのパッチのある場所は、土砂が安定して、土中に栄養分も蓄積されて、飛んできたカラマツの種が芽生え、育つことができます。つまり、ミネヤナギのパッチがカラマツの稚樹を守り育てているわけです。ただし中には、厳しい環境からか、ミネヤナギのパッチから生えたものの枯れているカラマツも見られます。

上：火山荒原のミネヤナギのパッチ。パッチからカラマツが生えたが枯れている
下：ミネヤナギのパッチと、カラマツの芽生え。ミネヤナギがカラマツを守っているようにも見える

富士山

　ミネヤナギ（種子に綿毛がついている）もカラマツ（種子に翼がついている）も、風に乗って長距離移動することができます。長距離移動できるということは、陽樹にとっては重要な能力です。

⑤カラマツ、ダケカンバ林（厳しい環境下で森をつくる樹木たち）

　しばらく行くと、**カラマツ**と**ダケカンバ**が混じる、高木層が発達した森林に出ます。ここは、溶岩の上にスコリアが堆積した場所です。

　高木層〜亜高木層に**カラマツ**、**ダケカンバ**が優占し、**シラビソ**も場所によっては点在します。低木層は**シャクナゲ**、**ナナカマド**が混じり、シラビソの稚樹がたくさん見られます。林床には**コケモモ**が生育しています。厳しい環境でありながら、高木層が成立している森林です。部分的に**カラマツ**が多い場所がありますが、その様な場所の林床でもカラマツの稚樹は見あたりません。カラマツが陽樹で、耐陰性がないため、いずれは、このカラマツ林は陰樹のシラビソ林に交代してゆくと思われます。

　カラマツが先駆種として定着すると土壌が形成されて、日陰をつくり、風よけにもなります。すると、日陰でも育つ陰樹である**シラビソ**や**コメツガ**が侵入して、日陰では稚樹が育たないカラマツを駆逐してしまいます。カラマツが更新できるとしたら、そこは雪崩などに

カラマツ林。立派な樹林になっている。しかし次の世代は、シラビソに取って代わられてしまうだろう

ダケカンバ林。樹皮がとても美しい。樹木の中でも、寒さや雪や風に強い、本当にタフな木だ

よる撹乱（植生の破壊）が起きて、裸地になり、遷移が「ふりだし」に戻った場所です。

　溶岩が露出した沢を渡ると、所々に、樹皮が美しい**ダケカンバ林**が見られます。土壌は発達していて、低木層には**シャクナゲ**、林床には**コケモモ**が生育しています。ダケカンバは、雪が多いなど環境が厳しい場所になると、実生により更新することをせずに、萌芽による更新を行います。御中道のダケカンバも萌芽により更新したため、根元から株立ちしていることがよく見られ、生育環境の厳しさが想像できます。

スラッシュ雪崩とカラマツ

　本コースでは、幅数百mのスコリアが堆積した沢を何回か横切ります。沢にはこげ茶色の巨大な堤防が設置されています。これは導流堤と呼ばれるもので、土石流、溶岩流、雪崩などを一定の流路に閉じ込めて流すための堤防です。こういったスコリアの沢や斜面は、何年かに一度、土石流やスラッシュ雪崩が流れる場所です。スラッシュ雪崩は「雪代（ゆきしろ）」ともよばれ、

初冬や春先に大雨が降ったときに発生し、斜面上のスコリアなどの土砂を巻き込みこんで流れ下る雪崩です。長大な斜面が続く富士山では、スラッシュ雪崩がよく発生し、植生が破壊されたり、富士スバルラインが寸断されたりしています。五合目付近の富士スバルラインの脇にも、スラッシュ雪崩で植生が破壊された場所を見ることができます。

植生が雪崩で破壊され、植生のないスコリア原になると、森林はどう回復するでしょうか。森林の回復は、遷移といって、草→日向を好む陽樹→日陰に強い陰樹、という段階を辿ることが多いようです。植生がなくなると、スコリア原には、真っ先にイタドリ、オンタデ、ミネヤナギなど荒地に強い植物が生え、その後、カラマツが定着していきます。カラマツ林ができた後、陽樹のカラマツは陰樹のシラビソやコメツガに取って代わられて、その後ずっとシラビソやコメツガの森が継続するようです。

ただし、再びスラッシュ雪崩が発生すれば、植生が破壊されてスコリア原に戻ってしまいます。遷移をスゴロクにたとえれば、スラッシュ雪崩が起きることによって、「ふりだしに戻る」ことになります。こうなれば、またカラマツにチャンスがめぐってくるわけです。子孫を育てるために荒野を目指すところは、土石流堆積地に育つサワグルミやシオジに共通するものがあります。

⑥火山荒原（土砂の移動に耐える植物たち）

再びスコリアの裸地である火山荒原になります。原野に植物がパッチ状（島状）に点在しているのが見られるでしょうか。これらは、**ミネヤナギ**や**オンタデ**のパッチです。しばらくは、火山荒原とカラマツの疎林（高さ5〜6ｍ）が繰り返し出現します。スコリアの裸地には、**イタドリ、オンタデ、ミヤマオトコヨモギ**などの草が生えています。これらの草も、ミネヤナギと並んで、スコリアで覆われた火山荒原が植生に覆われていく遷移の過程で、重要な役割をはたしています。

イタドリや**オンタデ**は、地下茎や根を深くしたり横方向に伸ばしたりするなど、いろいろな能力をもち、ミヤマオトコヨモギは、すばやく根を張る能力をもっていて、スコリアが移動しても生きのび

上：オンタデのパッチ。やがてカラマツのゆりかごとなるだろう
左：点在するカラマツ。ようやくここまで育ったが、これからも強風などに耐えていかなくてはならない

られます。これらの植物のパッチは、生長すると中央部が枯れてきます。土砂が安定し、土中に有機物が蓄積され、パッチの中央部に隙間ができると、飛んできた**カラマツ**などの木の種が着床できます。こうして、徐々にカラマツの低木の疎林ができてゆくわけです。

　しばらく歩くと、寄生火山の噴火口跡があります。火口の北東斜面には、風が弱いせいか高さ10m以上のシラビソが見られます。さらに行くと、御庭小屋（休業中）が見え、御庭に到着します。

富士山

登る森林を阻むもの

　気候的にみると、本来富士山では、標高2800m付近まで常緑針葉樹が生えるはずです。しかし実際には、気候的に樹木の生育の条件を満たしていても、そのほかの土地条件が満たされていないので富士山の森林限界はずっと低く、一部（西斜面）を除くと、2400m（五合目）位に森林限界があります。

　富士山での樹木の生育を拒む土地条件は、風と、土砂の移動と、乾燥です。まわりの山よりも突出して高い山である富士山は、日本列島の上空を流れる偏西風をまともに受けるため、激しい北西風にさらされます。また、富士山は最近まで、たび重なる噴火をしており、噴火の際に噴出したスコリアとよばれる黒や赤い色をした軽石が斜面に堆積しています。スコリアはとても移動しやすいので、スコリアが堆積した斜面は植物の生育に非常に不利です。スコリアの堆積した地盤は水分を保持できず乾燥しやすいこと、土壌が凍結しやすいことも、植物の生育にとって悪い条件です。また、このほか、激しい破壊力をもつ雪崩も樹林を破壊します。

　このような極限の土地でも、少しずつ植物が増えるに従って、土壌ができたり、土砂が移動しにくくなったりして、環境が改善されていきます。そうすると、植生も変化（遷移）していきます。噴火後に、溶岩流や、スコリアが降ってきて堆積した場所（裸地）では、まず、オンタデあるいはイタドリなどの草あるいはミネヤナギなどの低木が生え、次に先駆種の樹木であるカラマツが生えてきます。その後、土壌が形成され、スコリアの移動が緩まると、ダケカンバやシラビソが混じるようになり、最後には、カラマツやダケカンバの代わりに、シラビソやコメツガの極相林が成り立つと考えられます。そして、このような植生の定着と遷移は、山頂に向かってゆっくりと上昇しつつあります。

⑦御庭（風がつくり出した自然の庭園）

　御庭は、盆栽のような形に育っているカラマツがあちこちに見られる、庭園のような場所です。遠く南アルプスまで望める展望の地でもあります。

　御庭の樹木は、**カラマツ**が主体で、**ダケカンバやシラビソ**が混じ

上：風の影響で作られた、旗ざおのような樹形
下：盆栽のような樹形のカラマツ

ります。高木は少なくて、ほとんどは10m以下の高さの木です。低木は、**シャクナゲ、ミネヤナギ、ダケカンバ**などが見られ、林床には**コケモモ**が見られます。強風のためカラマツ（高さ2〜3m）は、風下側に曲がったり、風下だけに枝を出す「旗ざお」のような形や、盆栽のようにT字型に枝を出す形になったり、ハイマツのように地を這っている樹形をしています。冬期には、根元は雪に覆われるため風から守られますが、積雪から上の部分は、風によりスコリアが飛ばされ、幹や枝を傷つけるために変形しています。このような変形した樹形を風衝樹形とよびます。冬に卓越するのは北西〜西から吹いてくる風です。旗ざおの方向は、ほぼ風下側の北東になびいています（北西〜西から風が吹くと、樹木は南東〜東になびくように思えますが、風以外の要因もあるようで厳密には一致しないようです）。

　ここのカラマツ林は、あまり木が込み合っていないので、林床の日当たりがよく、陽樹のカラマツの稚樹がよく見られます。コメツ

ガなどの極相林になるには、まだ時間がかかるようです。

⑧奥庭バス停付近（溶岩に根づくコメツガ、シラビソ林）

　休業中の御庭小屋をすぎると、下り坂になります。しばらく下ると、立派な**コメツガ**と**シラビソ**の森林が成立しています。遊歩道を境にして斜面の上側にシラビソが多く、下側にコメツガが多い傾向があります。

　明るく展望も開けたスコリア原を歩くのも気分のよいものですが、森の中もまた、落ち着いた気持ちになります。この針葉樹林は奥庭まで続きます。やがて遊歩道はスバルラインに飛び出します。スバルラインを横断した所に奥庭バス停があります。奥庭（標高2200m）は富士山の寄生火山の1つで、尾根状に盛り上がった地形をなしています。奥庭バス停から奥庭荘までは、針葉樹の中を歩きます。高木層は、**コメツガ**が多く、**シラビソ**が混じります。コメツガ、シラビソ以外の樹種はほとんど見られません。高木でも風衝のためか高さは10～15m程度です。低木層には、高木の稚樹が多く見られます。林床は暗く、落葉が分解されないまま地表に堆積し、部分的にコケ類が見られるほかは植生に乏しいようです。

　地表は溶岩が露出しており、土壌はあまり発達していません。場所によっては、表土が流出して針葉樹の根があらわになっている場所があります。歩道脇の地表が剥き出しになったところをよく観察してみましょう。表土は薄く、その下は溶岩です。この森は溶岩の上に成り立っているのでしょう。溶岩の上なので、針葉樹の根は浅く、横方向にのばしているのがわかります。

　遊歩道は人為的に生じた小さなギャップです。遊歩道の脇は側方から陽が入るために、たくさんの**コメツガ**の稚樹が2～3mの高さに育っています。北アルプスや南アルプスでは、コメツガはシラビソより低い標高の場所に見られる傾向があるそうですが、ここでは、森林限界付近の標高の高い場所でもコメツガもよく混じります。コメツガは、シラビソより環境に対する適応力が強いようで、土壌の

溶岩上のコメツガ。土壌は浅く根を横に張り出している。林縁では、後継樹が育っている

薄い乾燥した養分の少ない土地でも耐える力があるため、富士山の五合目のような溶岩の上という過酷な土地条件の場所でも生育しているのかもしれません。

⑨奥庭遊歩道（富士山の絶景ポイント）

　奥庭荘をすぎて、奥庭を一周する「奥庭遊歩道」を歩きましょう。
　奥庭遊歩道では、コメツガやシラビソの樹林ではなく、背の低い（3～4m）カラマツが主体の樹林になります。カラマツは、風衝により盆栽のようにT字型に枝を出しているものも目立ちます。コメツガやシラビソが混じりますが、やはり背の低い木が多いようです。また、木が込みあっていないため林床が明るく、低木層は**ハクサンシャクナゲ、ダケカンバ、ミヤマヤナギ、ミヤマハンノキ**、林床には**コケモモ**や**イタドリ**など比較的多様な植生が見られます。
　溶岩の上にスコリアが堆積していますが、地表に堆積したスコリアは移動しやすく、休憩用のベンチの基礎が剥き出しになっています。東側の斜面は、少し様子が違います。風下である東斜面では、カラマツとコメツガの低木が密生しています。林床は暗く、場所によりコメツガやシラビソの稚樹が見られ、西側斜面よりも遷移が進んでいるようです。

富士山

　奥庭は富士山の絶景ポイントですが、その植生分布を見るのにもよい場所です。奥庭から富士山の山麓を眺めてみましょう。火山荒原に食い込むように、植生が上方に半島状に突き出しているのが見えます。御中道を歩いていると、同じ位の標高なのに、樹林と、火山荒原が交互に出てくるのは植生が半島状であるためです。植生が半島状になるのは、山頂に向かって植生が分布を広げているのですが、**スコリア**や雪崩によって、部分的に植生の進行が遅らされているからでしょう。この姿を見ると、**ミネヤナギ**や**オンタデ**、そして**カラマツ**が尖兵となって、山頂に向かって植生の分布を広げようとしているようです。**カラマツ**の後を継いで、**シラビソ**や**コメツガ**が森に定着するには、どれくらいの年月がかかるでしょうか。

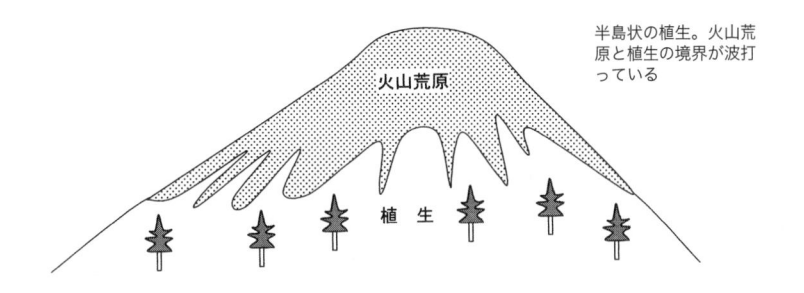

半島状の植生。火山荒原と植生の境界が波打っている

PART 2
森林観察を100倍楽しむために

森林観察の準備

1 森林観察のための持ち物（チェックリスト）

森林観察には、登山装備のほかに、観察用として以下のような用具があると便利です。

- ☐ 樹木図鑑（葉で分類できるものがよい）＊
- ☐ 2万5000の1地形図
- ☐ 登山用ガイドマップ（山の場合）
- ☐ カメラ（デジタルカメラならば大量に撮影できてよい）
- ☐ 双眼鏡（倍率8倍程度の小型のものが携行に便利）
- ☐ ルーペ（植物の葉などを見るのに使える）
- ☐ コンパス
- ☐ 高度計（腕時計に内蔵されているものが便利）
- ☐ メジャー
- ☐ ノート
- ☐ 筆記具
- ☐ ジッパーつきビニール小袋、フィルムケース（実などを採取した場合の保管用）

2 観察の注意点

野外の観察には、以下のような注意が必要です。とくに山では、余裕をもって慎重に行動しましょう。

1 装備は万全に。山での観察には、登山用の装備を準備します。雨具はレインコートと折りたたみ傘の両方を持参した方がよいでしょう。
2 時間的に余裕をもちましょう。通常のハイキングと異なり、歩

＊「樹木図鑑」でお薦めは、
①林将之著『葉でわかる樹木』（小学館）
葉の特徴から何の木なのか特定できる図鑑。写真がきれいで、解説もわかりやすい。初心者〜中級者向き。持ち歩きにも便利。

くだけでなく、観察に要する時間もかかります。
3 天候の急変や、河川の増水には十分注意するようにします。不安を感じたら、躊躇せず引き返しましょう。また、少しでも道に迷ったかもしれないと感じたら、決してそれ以上進まず、間違いない場所まで引き返しましょう。
4 観察は、落石や滑落の心配のない、足場のよい場所で行いましょう。
5 コースは、土砂崩れなどで通行できない場合もあります。事前に各市町村の観光協会などで、コースの状況確認をしてから出発しましょう。また、交通機関、道路、宿泊施設などについても事前に確認しておく方が安心です。
6 山岳地のコースについては、基本的な登山知識と登山装備が必要です。

3 観察の方法

観察地点では、まず、5分間くらい**目が森に慣れる**まで待ちましょう。

しばらくたってから、樹木の特徴、森林の構造、斜面の状況、周辺の地形などをよく観察し、記録していきましょう。記録は、観察内容を整理し理解するためにも、観察内容を長期間保存するためにもとても役に立ちます。記録する用紙は、各人が好きな形式のものでよいと思いますが、観察項目を表にまとめた記録用紙をつくってコピーしておいてもよいかもしれません。また、自由に、さまざまな観察内容を書きたい場合は、スケッチができるように大きめのノートに記録するのもよいでしょう。以下に観察する重要な項目について説明します。

①**地点番号**

その日のコースの中で、訪れる観察ポイントに通し番号をつけ、ノートや記録用紙に記入します。番号をつけておくと記録を整理す

②林将之著「樹皮ハンドブック」(文一総合出版)
樹皮と葉の両方の写真が載っている図鑑です。樹皮も樹木を見分けるのにとても役立ちます。軽くハンディで、便利な一冊。

②観察年月日

観察した年、月、日を記録します。

③所在地

「〇〇尾根の小ピーク」「〇〇沢右岸」など、目印になるような地点名を記載します。高度計を持っていれば標高も目安になります。

④標高

高度計があれば、標高を記録しましょう。高度計がない場合は、地形図から推定できることもあります。

⑤樹種

事前準備として、森林に出かける前に、訪れる観察ポイントで多く見られそうな樹種について、図鑑などで樹木の特徴を確認しておくと、現地で判別しやすくなります。観察ポイントに見られる植物をすべて判別する必要はまったくありません。そこに多く見られる(「優占している」) 樹木だけを数種類判別するだけでも、森林の特徴を知ることができます。

樹種を判別するには葉を見る必要がありますが、実際の森林では、葉が高い位置にしかない場合が多いです。そこで、高い位置にある葉を、双眼鏡で見て判別します。双眼鏡での観察に慣れると、手元で葉を見ることができない高木の種類もだいたいわかるようになってきます。

多くの森林は、木の高さで4つのグループ（層）に分けられるような階層から成り立っています。高さ10m以上の木のグループを「高木層」、高さ3～10mのグループを「亜高木層」、高さ50cm～3mのグループを「低木層」、高さ50cm以下の草や木を「草本層」といいます。各層ごとにどんな木があるのか観察しましょう。

樹木名を記録する時、優占（多く見られる）する樹木には◎、やや優占する樹木には〇、まばらに生えている樹木には△などの印をつけておくとよいです。名前のわからない木は、葉や樹皮の写真をとっておき、特徴を記録しておき、後で図鑑で調べましょう。

---

③尼川大録・長田武正著「樹木①・②」（保育社）
　葉の特徴から何の木なのか特定できるハンディな図鑑。2冊で日本の樹木をほぼすべてカバーできる。木の特徴がよく整理されていて、初心者からプロフェッショナルまで、長年愛読されているロングセラー。ただし、対象は広葉樹のみ。針葉樹は同じ保育社から、中川重年著「針葉樹」が出ています。

森林観察の記録の例

地点番号	1	観察年月日	2007年8月1日
所在地	○○山、南西尾根、××沢源頭付近（890mピーク上）		
標高	900m		
樹種 ◎：優占種 ○：準優占種 △：点在する種	（高木層）◎ブナ、◎ミズナラ、○クマシデ、△クリ		
	（亜高木層）◎イタヤカエデ、◎ハウチワカエデ、 　　　　　○ヤマボウシ　△リョウブ		
	（低木層）◎カマツカ、○マユミ、△ムラサキシキブ		
	（草本層）◎スズタケ		
優占高木の樹高	ブナ15m （目算）	優占高木の胸高直径	ブナ30cm （目算）
斜面の方向	北西	斜面の傾向	20°
土壌の浸食状況	岩盤露出せず （関東ロームが厚く堆積）	地形	尾根上
位置概略図	その他の重要事項		

位置概略図:
- No.1地点
- ○○山
- 890mピーク
- ××沢

その他の重要事項

・林内に5m四方程度のギャップが見られるがスズタケ以外の植生は見られない

⑥優占高木の樹高
優占している高木の中で、平均的な高さのものを見つけ、地面から木の頂上までの高さを目算で測ります。

⑦優占高木の胸高直径
　優占している高木の中で、平均的な太さのものを見つけ、胸の高さ（地上から130cm位）の位置の幹の直径を目算で測ります。

⑧斜面の方角
　森林がある斜面の向きをコンパスで計測します。

⑨斜面の傾斜
　ハンドレベルやクリノメーターという機器を使うとより正確に計測できますが、ない場合は歩いて登り下りできそうな緩傾斜か、登り下りできない急傾斜かを目測で判断してもよいでしょう。

⑩土壌の侵食状況
　岩盤が露出しているか、露出していないかを確認します。これにより土壌の厚さや、乾燥度の指標にします。

⑪地形
　尾根上、斜面上部、斜面下部、沢、平野、河原など、森林がある地形を記録します。

4 樹木を覚えるには
　樹木を覚えるには、図鑑をもって植物園や樹木名のプレートがある公園や山にいくことが有効です。**実際に目で見ることが、木を覚える最短の道です**。プレートなどで名前がわかった木は、葉の表裏、枝先の葉の付き方、樹皮、樹形などを、写真をとって記録するとよいでしょう。また、専門書などを参考に葉を採取して標本をつくることは、樹木を覚えるために非常に役立ちます。単なる押し葉でも効果があります。

森林の基礎知識

1 人工林と自然林の違いや特徴

1. 人の影響の強さからみた森林の分類

　森林を人の影響の大きさによって分類すると、人の影響の強い順に、人工林、二次林、自然林に分けられます。自然林は人の影響をあまり受けていない森林で、自然林の中でも人間による伐採が過去になかったような手つかずの森を原生林とよびます。原生林は、日本ではとても少ないのが現状です。私たちが日常目にとめる山の森林は、ほとんどすべて人の手が加わった森林（人工林や二次林）です。人の影響が強い森林と、弱い森林では、森の構造が異なります。

　人工林と二次林は、人の手が強く加わっている森林です。人工林は、スギやヒノキなど、人間が植林して育てている森林で、単に植林ともいわれます。二次林は、人工林ほどではないが、薪を取ったりして強く人の影響を受けた森林です。雑木林や里山などともよばれる半自然林です。日本は、国土の約6割が森林です。その森林のうちで、2割強が自然林（人の手が加わっていない森林）、4割が二次林、4割弱が人工林です。

人の影響の強さからみた森林の分類

森林の種類	成り立ち	日本の森林全体に対する面積比
人工林	人間が植林して育てている森林	4割弱
二次林	薪の採集などで、人の影響を強く受けた森林	4割
自然林	人の影響をあまり受けていない森林（まったく人により切られたことのない森林をとくに原生林という）	2割強

2. 人工林
人工林の樹種

　人工林（植林）の山を外から眺めた時に、同じ種類の木が整然と並んでいるために、幾何学的な印象を受けたことはありませんか。

　人工林は、木材を得るために、人間が管理している森林です。いわば、野菜の代わりに木を植えた畑といってもいいでしょう。木材の生産が目的ですから、管理や伐採をしやすいように、同じ種類の、同じような年齢の木を植えています。そして、植えた木以外の植物は、できるだけ生やさないように管理します。樹木の大きさや種類が同じだと、作業（手入れ、伐採、木材の輸送、加工）が、効率的に（容易に、早く、安く）できるからです。

人工林。同じ種類の木が整然と並んでいる

　人工林には、何が植えられているでしょうか。面積の割合で見ると、4割はスギ、2割はヒノキ、あとは、カラマツとアカマツが、各1割ずつ（残りはその他）です。やはりスギとヒノキが多いですね。両者はともに幹はまっすぐに伸びるので、家の柱にするにはとても向いています。

　スギは、家を支える柱として、多くの人がお世話になっている木でしょう。成長が早く、材質が柔らかくて加工しやすく、木目が美しいという優れた材質をもちます。生育に適した土地条件としては、

谷筋のような土壌が湿った場所です。

ヒノキは、スギよりは成長は遅いけれども、材質が強く耐久性が高い高級材が採れる木です。総ヒノキづくりの家というのも、根強い人気なのではないでしょうか。ヒノキのお風呂というのも、香りといい肌触りといい、すばらしいものです。ヒノキの生育しやすい場所は、山腹から尾根です。「尾根マツ、谷スギ、中ヒノキ」、ということわざがあるように、スギとヒノキの生育適地は異なり、山を歩いていても、尾根や山腹にヒノキ、谷にスギが植えられている傾向があります。

カラマツは、針葉樹には珍しく冬に落葉する木です。秋になって、カラマツの葉が黄葉し、山全体が燃えるように色づく光景は本当に美しいものです。カラマツは、高い標高（1600m位）まで生育が可能であるため、東北地方や中部地方の標高の高い土地で、奥地の自然林を伐採した後にたくさん植えられました。幹はややねじれますがまっすぐ伸びるため、建築材に使われます。

スギの葉　　　　　ヒノキの葉

日本の人工林に多い樹種

知っておきたい人工林の現状

京都の北山や奈良の吉野などでは、人工林が古くからありましたが、本格的な人工林は、明治以降につくられたものです。それまでは一般的には、植林して森を育てるのではなく、択伐といって、自然林の中の大きな木を選んで採っていました。

現在、日本の森林の約4割が人工林です。人工林の面積の多さに

は驚かされますが、日本の人工林の大部分は、戦後のいわゆる「拡大造林」によってつくられたものです。

　昭和30年代から40年代までの、戦後の復興期から高度経済成長期にかけては、木材需要が増大し、供給が追いつかず、木材が高値で売れるようになりました。そこで、政府の奨励もあり、たくさんの木を山に植えたわけです。これが「拡大造林」です。

　拡大造林から40年以上がたちました。植えた木は生長して、木材として利用できる時期になりつつあります。しかし、現在では、外国からの輸入材が安いため、木材の約8割が輸入されるようになり、国産の木材は安い値段でしか売れなくなってしまいました。このため、人工林の持ち主の多くは植えられた木を手入れする意欲を失い、人工林は放置されてしまっています。

　人工林を育てるには、大変な労力が必要です。苗木の時は、日当たりをよくするように苗木より背が高くなる雑草を刈ってあげなくてはなりません。樹木は競争すると生長がよくなるので、収穫する本数よりも数倍も密度が高くなるように植林します。このため、何回かは、間伐といって、間引きをします。このほか、生長を邪魔するツル植物を切ったり、木材の品質を低下させる節をなくすために枝を切ったりする必要があります。大変な手間をかけて、しかも50年もの時間をかけて木材をつくっているわけですが、木材が売れないとあっては、手入れをすることもなくなり、林業の後継者も見つからないのが現状です。

手入れをしなくなった人工林の問題

　手入れをしなくなった人工林では、いくつかの問題が生じています。例えば、土壌侵食の問題です。間伐をしないと、密度が高いまま木が生長してしまい、樹木間の競争がとても激しくなります。それぞれの木に、光と養分が十分に行き渡らないと、ヒョロヒョロの木が密生する状態になってしまいます。こうなると、森の中は真っ暗になり、光不足から地表に植物が生えません。地表に植生が少な

いと、土がむき出しになり、土に雨の粒が直接あたって地表をカチカチに固めてしまいます。そうなると雨水がしみこまず地表を流れ、その流れが土を削ってしまうのです。

山をハイキングしていると、人工林の中を通ることも多いでしょう。細い木ばかりヒョロヒョロ生えている人工林、日光不足で枯れている木、もう木材としては売れそうにない曲がった木、倒れかけた木、ツルに巻きつかれた木がないか、注意してみると、さまざまな現実が見えてくるような気がします。

3．二次林

子どもの頃、ドングリを拾いに行こうということになると、どんな森に行きましたか。関東地方の近郊に住んでいた方なら、コナラやクヌギの落葉樹の森ではなかったでしょうか。

里に近い場所にあるコナラやクヌギの落葉広葉樹林を二次林といいます。二次林は、雑木林や里山などともいわれ、薪や落ち葉の採取などを通して、住民に利用されてきました。その意味で、二次林は半自然林あるいは半人工林といってもいいでしょう。二次林の山を遠くから見ると、自然林に比べて木の高さや樹形がそろっていて、単調で整然とした印象を受けます。

コナラ、クヌギの二次林

関東地方では、人が住んでいる場所から見える範囲の山はほとんど二次林です。二次林の木々は、過去少なくとも数百年以上に渡って、近くに住む住民によって植えられたり、選択的に守られてきたものです。

昭和30年代以前は、暖房、炊事、風呂など生活のための燃料は、ガス、石油ではなく、薪（炭）が主でした。また、主要な産業であった農業に必要な肥料は、化学肥料ではなく、木の葉と土を混ぜてつくった堆肥でした。雑木林の幹は薪に、葉は堆肥に使いました。コナラやクヌギは、幹はよく燃えるし、落ち葉をたくさん落とすので、薪や堆肥をとるのに好都合でした。このため、二次林を用途の面から薪炭林とか農用林とよぶこともあります。

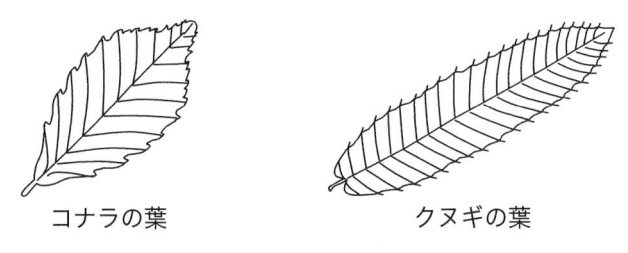

コナラの葉　　　　　　　クヌギの葉

ところで、森の中を歩いていて、木の根元から、細い枝がにょきにょきとたくさん伸びていたり、伐採された後の切り株からやはり細い枝が数本生えていたりするのを見たことはありませんか。

切り株から伸びる萌芽

コナラやクヌギは、生命力が強いため、幹を切っても切り株からたくさん芽が出て、その芽が幹となり再び大きく育ちます。このよ

うに根元や切り株からたくさん出てくることを「萌芽(ほうが)」といい、萌芽する力を萌芽力といいます。多くの広葉樹は萌芽力をもっています。風などで幹が折れたり、人間によって切り倒されても、萌芽によって再生し、生きのびようとしているのです。

コナラやクヌギは強い萌芽力を持つために、20年位の周期で伐採、再生を繰り返し、広く、長年に渡り人によって管理されてきたものです。

かつては、農用林、薪炭林などとして利用され、住民が生きていくためには欠かせない森林だったコナラやクヌギの森林も、現在では大きくその姿を変えています。昭和30年代以降は、エネルギーがガスや石油に代わり、肥料も化学肥料に代わったため、薪や落ち葉が使われなくなっていきました。最近の50年間位は、人の手が加わらなくなり、森は放置されているので、今ではコナラやクヌギは、太く大きく生長しています。また、場所によっては、より競争力が強い、その土地に適した、ほかの樹木が侵入しつつある所も少なくありません。人によって管理されていた森林が、放置されるようになって、自然の姿に帰りつつあるわけです。

しかし、一方で、そう簡単に自然の姿に戻らない二次林も見られます。例えば竹に侵入されている二次林です。竹は、たけのこや、さお、かごなどの日用品をつくるために、農家で栽培されていたものですが、需要の低迷で現在は放置されている竹林が多くなっています。竹は、生長が速く、地下茎を伸ばして横方向にどんどん拡大するため、竹に占領されてしまった二次林も少なくありません。

2 気候による森林の違い

1. 気温と森林タイプ

読者の皆さんは、太陽がぎらぎら照りつけるような暑い夏が好きですか、それとも冷気が身を引き締めるような寒い冬が好きですか。好きというよりもむしろ、暑さが苦手とか、寒さが苦手とおっしゃ

る方もいるでしょう。好きな季節は人それぞれでしょうが、樹木にも気温に対して得意不得意があるようです。

　山に登っていて、標高によって森の木の種類が変化することに気づいた方も多いでしょう。森林の違いを生み出す最大の原因は何でしょうか。それは、気温です。南北に細長い日本列島では、北と南では、相当に気温が違っています。また、山の麓と頂では、やはり、相当に気温が違っています。ロープウエーで山に登ると、麓にいた時よりもずっと涼しくて、もう一枚セーターが欲しくなった経験をお持ちの方もいると思います。緯度が高いほど、そして、標高が高いほど、寒いわけです。

　樹木には、寒い所でも育つ種類とそうでない種類があります。そのため、日本では、寒い所の森林と、暖かい所の森林には、違いがあります。大まかに言えば、「暖かい」地域に「常緑広葉樹林」が、「涼しい」地域に「落葉広葉樹林」が、「寒い」地域に「常緑針葉樹林」が分布しています。

　「常緑広葉樹林」とはどういう意味でしょうか。樹木は、冬でも葉を落とさない常緑樹と、冬に葉を落とす落葉樹とに分けられます。また、葉の形によって、広葉樹と針葉樹に分けられます。楕円形の形をしているのが広葉樹で、針のようにとがっているのが針葉樹です。したがって、「常緑広葉樹林」というのは、「常緑で、広葉の樹木の森」という意味です。

　このように、葉の形と、冬の生活の形（冬に葉を落とすか否か）、の２つの分け方を組み合わせると、４つの森林のタイプができます。それは、「常緑広葉樹林」「落葉広葉樹林」「常緑針葉樹林」「落葉針葉樹林」の４つです。日本では、このうちの３つのタイプ、つまり、「常緑広葉樹林」「落葉広葉樹林」「常緑針葉樹林」が、それぞれ、暖かい地域、涼しい地域、寒い地域に、広く分布しているのです。なお、残りの１つのタイプである「落葉針葉樹林」には、カラマツ林があげられますが、天然のカラマツ林はあまり分布していません。

森林のタイプの分け方

葉の形	常緑や落葉か	森林のタイプ
広葉樹	常緑	常緑広葉樹林
	落葉	落葉広葉樹林
針葉樹	常緑	常緑針葉樹林
	落葉	落葉針葉樹林

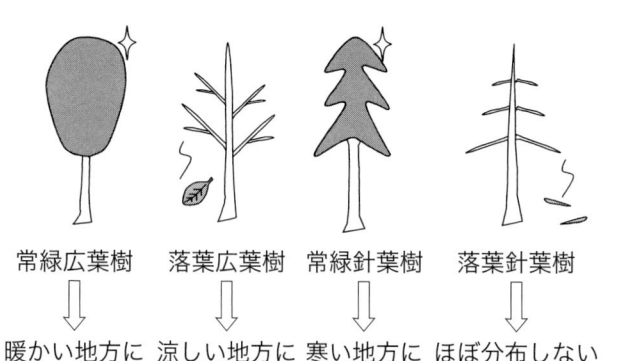

常緑広葉樹	落葉広葉樹	常緑針葉樹	落葉針葉樹
⇩	⇩	⇩	⇩
暖かい地方に	涼しい地方に	寒い地方に	ほぼ分布しない

2．森林タイプの特徴

「常緑広葉樹林」「落葉広葉樹林」「常緑針葉樹林」の3つの森林は、どのような特徴を持っているのでしょうか。その特徴を森林タイプごとに以下にまとめました。

常緑広葉樹林

①代表的な樹木

　タブノキ、スダジイ、カシ類（シラカシ、アラカシ、アカガシ、ウラジロガシなど）

②分布している所の気候

　暖かい（年平均気温13℃以上）

③樹木の特徴

　常緑の広葉樹です。寒いのが苦手で、暖かい所に生育しています。

暖かい所に生育しているため、冬に休眠する必要がないので常緑なのです。

葉は分厚く、濃い緑色で、表面がテカテカ光っています。だから、「照葉樹」とよぶ人もいます。テカテカ光っているのは、ロウです。このロウは乾燥を防ぐための方策です。常緑樹の葉の寿命は長く（2年くらい）、つまり長持ちするために、材料にコスト（養分）をかけても、乾燥しにくい、良質の葉を付けているのです。よいものを長く使うという、戦略です。

落葉広葉樹林
①代表的な樹木
　ブナ、ミズナラ、カエデ類
②分布している所の気候
　涼しい（年平均気温6〜13℃）
③樹木の特徴

冬に落葉する広葉樹です。夏には緑なので「夏緑樹」という人もいます。常緑広葉樹の分布域より涼しい場所でも生育できる理由は、冬に葉を落として休眠できるからです。落葉広葉樹の葉は、薄くて明るい緑色をしています。葉が薄いのは、半年間（春から秋まで）しか葉を使わないので、使い捨てと割り切って、材料にコストをかけずペラペラのものを付けているからです（失礼！）。ただし、使い捨てといっても、落ちた葉は、土に還元されて、再び養分として樹木に吸収されリサイクルされています。落葉樹が毎年葉を取り替えてくれるおかげで、私たちは、春の新緑や秋の紅葉を楽しむことができるわけです。

また、落葉広葉樹は、暖かい場所では、むしろ生育がよくありません。というのは、夏の暑さで水分不足になったり、夏に生長し冬に休眠して春に起きて葉を出すというサイクルができているので、冬でも暖かい地域ではこのサイクルが崩れてしまうからです。また、暖かい所に特有の病気や害虫にも弱いようです。

常緑針葉樹林
①代表的な樹木
　コメツガ、シラビソ
②分布している所の気候
　寒い（年平均気温6℃以下）
③樹木の特徴
　常緑の針葉樹で、落葉広葉樹では耐えられないような寒い場所に生育しています。クリスマスツリーのような木の形が特徴です。寒い所が好きというわけでもないのですが、ほかの所では、広葉樹に競争力で負けてしまうため、寒い所でがまんしているという部分もあります。針葉樹は、広葉樹よりも、寒さ、乾燥、土壌の栄養の少なさ、といった悪条件に強いのです。針葉樹は、針のような葉の形をしています。針のような形の葉は、表面積が狭く、ロウに覆われているため、寒さと乾燥に強いと考えられます。

　以上の森林タイプの特徴をまとめると、下の表のようになります。

森林のタイプの気候と樹林

森林タイプ	分布する場所の気候	代表的な樹木
常緑広葉樹林	暖かい（年平均気温13℃以上）	タブ、シイ類、カシ類
落葉広葉樹林	涼しい（年平均気温6～13℃）	ブナ、ミズナラ、カエデ類
常緑針葉樹林	寒い（年平均気温6℃以下）	コメツガ、シラビソ

3．日本の森林タイプの分布

　各森林タイプはどこに分布しているでしょうか。次ページの日本地図で、3つの森林タイプの分布を見てみましょう。日本では、森林タイプの違いを生み出している原因は、主に気温です。降水量も多少影響しますが、やはり主に気温が影響します。大まかにいえば、気温は、北に行けば行くほど、そして標高が高ければ高いほど低くなります（標高が100m上がると、気温は約0.6℃下がる）。ですから、北から、常緑針葉樹林→落葉広葉樹林→常緑広葉樹林の順に並

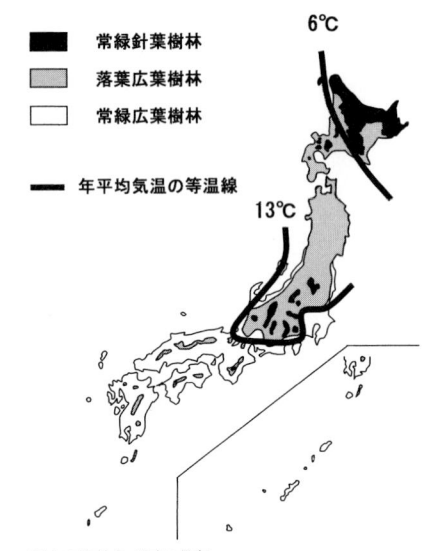

森林の基礎知識

- ■ 常緑針葉樹林
- ▨ 落葉広葉樹林
- □ 常緑広葉樹林

― 年平均気温の等温線

日本の森林タイプの分布

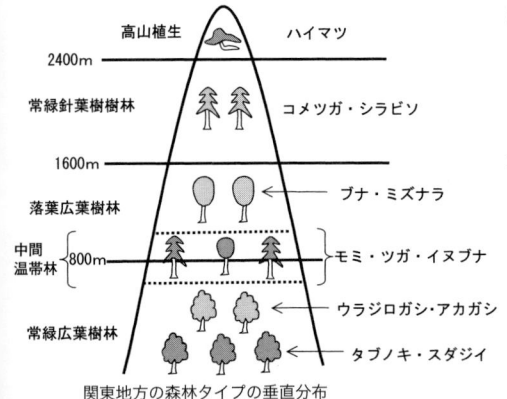

関東地方の森林タイプの垂直分布

- 高山植生 ← ハイマツ
- 2400m
- 常緑針葉樹林 ← コメツガ・シラビソ
- 1600m
- 落葉広葉樹林 ← ブナ・ミズナラ
- 中間温帯林 800m ← モミ・ツガ・イヌブナ
- 常緑広葉樹林 ← ウラジロガシ・アカガシ
- ← タブノキ・スダジイ

んでいます。そしてその境界は、年平均気温6℃と13℃の線なのです。各森林タイプは、緯度や標高に応じて帯状に分布することが多いため「樹林帯」とも表現します。

北海道の東部は、日本でも最も寒い地域で、常緑針葉樹林が分布しています。本州でも島のように常緑針葉樹林が分布していますが、ここは、山岳です。中部地方と東北地方は、涼しい地域であり、落葉広葉樹林が分布しています。それ以外の地域（関東、東海、近畿、中国、四国、九州）は暖かい地域であり、常緑広葉樹林が分布しています。

4．森林タイプの垂直分布

森林タイプは、緯度だけでなく標高によっても変わります。本書でコースガイドを紹介している関東地方では、標高によってどのように森林タイプが変わるでしょうか。

左図のように、関東地方

においては、標高が低い方から、常緑広葉樹林→落葉広葉樹林→常緑針葉樹林→高山植生、という順で森林タイプが変化します。

常緑広葉樹林

　意外に思われる方もいるかもしれませんが、気温から考えると、関東地方の低山（標高800m以下の山）は本来、常緑広葉樹林が茂る場所です。関東地方の丘陵地に落葉樹が多く見られるのは、人の手が加わっているからです。人の手が加わらなければ、本来関東地方の大部分は、テカテカ光る葉をもった常緑広葉樹林で覆われているはずです。

　南関東で見られる常緑広葉樹林は、主に、タブノキ、スダジイ、シラカシ、アラカシ、ウラジロガシ、アカガシといった樹木から構成されています。これらの木は、それぞれ得意な場所を持っていて、場所によって主役となる木の種類が変化します。

　沿岸では、タブノキ、スダジイが生育します。この両者は、ともに沿岸部に生育しますが、細かく見ると違いもあります。タブノキの方がスダジイより潮に強いため、どちらかというと海岸に近い所に多く分布する傾向があります。また、乾燥にはスダジイの方が強いため、尾根筋や山の頂上などではスダジイが多く、谷底の土壌の厚い所ではタブノキの方が優勢です。また、谷底では、落葉広葉樹のケヤキやムクノキも、よく混じります。

　やや内陸になると、シラカシが優勢になります。シラカシはスダジイよりも寒さに強く、また火山灰（関東ローム）の上でよく生育するためです。人の手が加わっているため、シラカシ林はあまり残っていませんが、関東地方の台地の上は、人の手が加わらなければシラカシの林が広がるはずだという考え方もあります。

　もっと内陸の丘陵・低山では、ウラジロガシ、アカガシが見られます。最も寒さに強いのは、アカガシです。ほとんど落葉広葉樹林のエリア（標高800m以上）に近い所まで生育しています。低山、丘陵でも、急傾斜地などとくに乾燥しているところは、アラカシが

部分的に見られます。アラカシは寒さに弱いのですが乾燥には強いのです。これらの分布の特性は、気候だけでなく、土砂の移動しやすさや土壌の水分条件などの土地条件にも関連しています。

以上で取り上げたのは、常緑広葉樹林の高木の代表です。一方、亜高木や低木の代表としては、ヤブツバキ、ヒサカキ、シロダモ、アオキといった樹木が挙げられます。

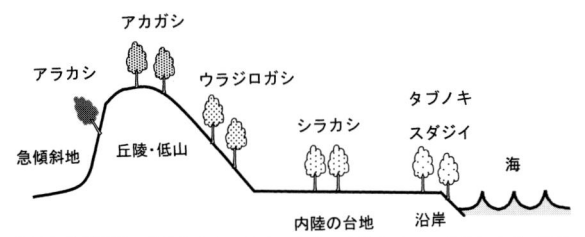

常緑広葉樹林帯で代表的な木の分布。土地の条件によって生育しやすい樹木が異なる

中間温帯林（常緑広葉樹林帯と落葉広葉樹林帯の境界部分の森）

常緑広葉樹林帯と落葉広葉樹林帯との境界あたりの植生は、どうなっているのでしょうか。関東地方では、海抜800m位が常緑広葉樹林帯と落葉広葉樹林帯の境界です。このあたりは、常緑広葉樹と落葉広葉樹が入り混じっています。さらにおもしろいことに、ここにはモミとツガという2種類の針葉樹が、しばしば混じるのです。この境界部分を、独立して中間温帯林とよぶ人もいます。常緑針葉樹は、寒い所に多いのではないか？　と思われるかもしれませんが、寒い所に分布するのは、コメツガやシラビソです。同じ常緑針葉樹でもモミやツガは、あまり寒い所では生育できません。このため、シラビソやコメツガなどを亜高山帯（または亜寒帯）針葉樹林とよび、これと区別するためにモミやツガを温帯針葉樹林とよぶことがあります。また、落葉広葉樹のイヌブナやクリも、この中間温帯林によく出現します。

落葉広葉樹林

　関東地方では標高が800mを越えると、ブナとミズナラ、カエデ類などからなる落葉広葉樹林となります。ブナとミズナラは、ともに落葉広葉樹林帯の主役ですが、ミズナラはブナよりも乾燥した場所に多く分布する傾向があります。ブナやミズナラが主役なのに対して、カエデ類はそれほど大きくなりませんが、よく出現する脇役です。同じカエデ類でも常緑広葉樹林帯にはイロハモミジとオオモミジが多いのに対して、落葉広葉樹林帯にはイタヤカエデ、ハウチハカエデ、ウリハダカエデ、コミネカエデが多い傾向があります。コシアブラ、アオダモ、リョウブ、オオカメノキといった木も、ブナやミズナラの森の常連です。また、ブナやミズナラは尾根や斜面に多いのですが、落葉広葉樹林帯には渓谷に沿って分布する特有の森（渓畔林）もあります。渓畔林は、サワグルミ、シオジ、トチノキ、カツラなどからなります。

　落葉広葉樹林帯は標高が1600m程度の所まで続き、さらにその上部は常緑針葉樹林帯に移ります。両者の境界には、ウラジロモミ林が出現することがあります。

常緑針葉樹林

　標高1600mを越えると、落葉広葉樹林帯から常緑針葉樹林帯に移行します。標高1600mから森林限界の2400m位までの亜高山といわれる場所には、寒さに強いコメツガやシラビソといった常緑針葉樹の森が広がっています。奥秩父、八ヶ岳、富士山、日本アルプスなどの山では、みごとな常緑針葉樹林を見ることができます。

　常緑針葉樹林は木の種類が少なく、森を構成する樹木は、コメツガ、シラビソ、オオシラビソ（別名アオモリトドマツ）の3種で、ほとんどが占められています。ただし、落葉広葉樹のダケカンバ、ミヤマハンノキ、ナナカマド、ミネカエデなどは寒さに耐える力が強いため、常緑針葉樹林帯にもよく混じっています。また、常緑広葉樹でもシャクナゲ類はこの樹林帯にも出現します。

大まかに見ると、コメツガの方が、シラビソやオオシラビソよりも標高が低い場所に生育する傾向があるといわれますが、入り混じることも多いようです。また、雪が多い地域では、積もった雪の圧力にも折れにくいオオシラビソが多くなります。

高山帯

標高2400m位になると、高い木がなくなり、多くはハイマツ原になります。森林とハイマツ原の境界を森林限界とよび、森林限界から上を高山帯とよびます。日本では、森林限界に近い所では、樹木にとって不利な条件がそろっています。強風、寒さ、土壌の凍結、積雪の圧力、雪崩などです。そのほかにも、過去の氷期（氷河期）にできた大きな岩がゴロゴロと堆積していて土壌がほとんどなく、植物が根づきにくい場所も少なくありません。このため、寒さに強いシラビソなどの針葉樹であっても生育できなくなります。

ハイマツ原（金峰山）

しかし、ハイマツは、乏しい土壌や、風や、積雪の圧力などに対して耐える能力をもっていて、森林限界より上でも生育しています。ただし、とくに風の強い場所や、あまりにも積雪が多い場所では、ハイマツすらも生育できなくなり、高山植物やコケ類が点在する斜面となります。

3 地形による森林の違い

　気候、とくに気温によって森林タイプが異なってくるわけですが、同じ気候であっても、地形が異なると、そこに生育する樹木も違ってきます。例えば、尾根と沢沿いでは、よく見かける木の種類が違います。その理由は、土地条件（土砂の移動量、土壌の水分量、日当たり、風当たり、積雪量など）が異なるからです。

　日本では森林の多くが山地にあります。ここでは、主に山地を取り上げ、地形によって、森林がどう違っているのかを考えていきましょう。

1．日本の山の特徴

　子どもが公園の砂場で砂山をつくっているのをよく見かけます。子どもの頃、砂山をつくって、上からジョウロで水をかけてみたことはありませんか。大きめの砂山に、上から水をかけると、斜面に溝ができて、その溝は拡大してゆき、やがて、砂山は小さくなっていきます。

　この現象は、本物の山でも起こっています。日本には急な山が多いのですが、それは、日本列島は地盤が隆起しやすく、雨が多くて侵食されやすいためです。日本の山は、地球内部の力（マグマやプレートの運動）によって突き上げられて、地盤が隆起した場所が多いのです。突き上げられて高くなった山に、たくさんの雨が降ると、山は激しく侵食されます。砂場の砂山に溝ができたように、山には沢ができてそれが拡大して大きな谷になり、山を削って小さくしてゆくのです。

　山というものは岩盤からできているのであって、砂からできているわけではないという疑問があるかもしれません。しかし、大地の変動の激しい日本では、岩盤にたくさんのヒビが入っていて、さらには、雨風にさらされた鉄クギがさびていくように、空気にさらされた岩盤も、風化という力によって、ぼろぼろに砕かれて、土砂に

なっていくのです。

　岩盤が砕かれてできた土砂は、どこへ行くのでしょうか。

　風化によってできた土砂は、斜面では自らの重さで、ゆっくりと（100〜1000年間で数十cm位）斜面を下に移動していきます。しかし、激しく移動するのは、なんといっても豪雨の時です。台風が去った後、山の斜面が崩れて、大きな被害が出たというニュースは毎年のように聞きます。テレビでは、木が茂っていた斜面がスプーンでえぐったように削られ、岩盤や土がむき出しになってしまった崩壊の爪跡を映しています。山に豪雨が降ると、しばしば斜面が崩れて、斜面の土砂が谷底の沢に移動しているのです。

　谷底の沢に集まった土砂は、水の流れによって運ばれます。豪雨の時、水が集中する谷底の沢には、大量の水が流れ下ります。流れ下りる水は、すさまじい力で、谷底に堆積していた土砂を沢の下流へ下流へと運びます。大きな岩も転がしながら運びます。こうして、山の土砂は低い所へ低い所へと移動しているわけです。

　日本の山の本質的な特徴は、たえまなく削られ、侵食されているということです。もちろん、地球内部の力で再び山が突き上げられれば、山の高さは高くなるでしょうが、それでも、雨水が休むことなく山を削り続けることに違いはありません。

　日本のほとんどの森林は、山つまり斜面に立地しています。「斜面がどう侵食されているか」は、樹木の生育に大きく影響します。森林を観察する際にも、斜面がどのように侵食されているかを考えることは、重要な視点です。

2．山の地形の分類

　ある場所にどんな樹木が生えるかは、その土地の地盤が安定しているか（もしくは、斜面の土砂が移動しているか）、土壌の水分が多いか少ないか、などの土地条件にも左右されます。山地の地形には、①尾根、②斜面下部、そして谷底には③河原、といった地形がありますが、それぞれ、土砂の移動量、土壌の水分量、土壌の厚さ

などが異なります。

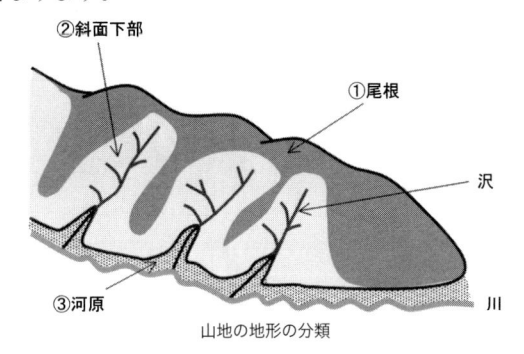

山地の地形の分類

3．地形ごとの土地条件と植生

それぞれの地形はどんな土地条件をもっていて、どんな樹木が多いのでしょうか。

尾根

尾根は、屋根の形をした高まりの部分です。山登りをする方ならご存知でしょうが、沢と比較すると尾根の登山道はルート上に崩壊地が少なく、多くの登山道は尾根上を通っています。沢登りと比較して安全なのは、水流による侵食が少ない場所だからです。その代わり、沢と違って水場がほとんどありません。

しかし、尾根といっても、ヤセ尾根というのもあり、そこは両側が崖になっていて、危険な尾根じゃないか、とおっしゃるかもしれません。確かに、尾根と一口にいっても、丸くて広い尾根と、両側が急傾斜のヤセ尾根と、さらに両者の中間的な尾根もあるわけです。

尾根は、斜面の一番上に位置しているため、一般に乾燥しやすいことが最大の特徴ですが、細かく見ると、その形によって土地条件が異なっています。

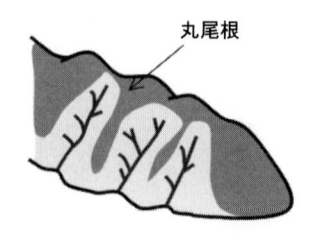

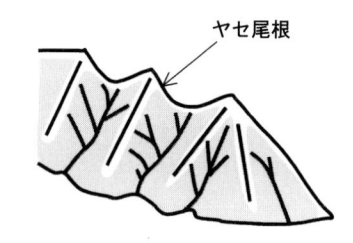

①丸尾根

　一般に山は、沢が斜面を削っているために、V字型の谷に刻まれています。V字型の谷は徐々に広がっていきます。

　「丸尾根」とは、鯨の背中のように広くなだらかで丸みを帯びた形の尾根です。丸尾根はまだ谷に刻まれていない、つまり谷に削り残されている場所です。

　丸尾根では、表土は比較的安定しています。ごくゆっくりと土砂が移動するだけです。関東地方の南部では厚い火山灰（関東ローム）が堆積し、土壌も厚く発達している所もあります。

　丸尾根では、地下にしみこんだ雨水は、斜面の下の方へ移動してしまいます。このため、雨の降らない季節には乾燥しがちです。ただし、霧が出やすい場所や、火山灰が厚く堆積している場所では、乾燥しにくいこともあります。

　丸尾根にはどんな樹木が多いでしょうか。丸尾根では、その場所の気候にあった森林タイプの代表的な樹木（いわゆる極相種）が多いようです。常緑広葉樹林帯ではスダジイ、アカガシ、ウラジロガシなどが、落葉広葉樹林帯ではブナ、ミズナラ、ヤマボウシ、リョウブ、シキミなどが、常緑広葉樹林帯と落葉広葉樹林帯の境界（中間温帯）ではモミ、ツガなどの針葉樹がよく見られます。

②ヤセ尾根

　V字谷の拡大が続くと、丸尾根を侵食しつくして、ヤセ尾根になります。尾根の上に平坦な場所がない尾根です。ヤセ尾根は、岩が

露出していて土壌が少なく乾燥している場所です。

　ヤセ尾根では降った雨は斜面の下部に流れ下ってしまう上に、風当たりも強いため、よけい乾燥します。さらに、ヤセ尾根は乾燥しているため菌糸類が多く土壌は酸性なのです。このため、多くの樹木は生育できず、ヤセ尾根で生育できるのは、乾燥と酸性土壌に耐えられる植物に限られます。また、表土は斜面下方へ移動しやすく、風当たりが強いと落葉が風に吹き飛ばされて土壌化も進みません。

　このような厳しい環境のヤセ尾根には、どんな樹木が耐えているでしょうか。アカマツ、モミ、ツガ、カヤ、ネズコ（亜高山）、ゴヨウマツ（亜高山）といった針葉樹と、アセビ、ネジキ、ドウダンツツジ、ヤマツツジ、ミツバツツジなどのツツジ類が多いようです。人間社会にも「石にしがみついてもがんばる」という言葉がありますが、これらの樹木は、岩にしがみついても生きている非常にタフな樹木です。

斜面下部

　V字谷の斜面の下部は、尾根とは対照的な土地条件の場所です。一般に斜面下部は、尾根に比較すると、地下水が豊かで、風も強くありません。

　斜面下部の中でも、緩やかな斜面と急斜面では、土壌の水分や、土砂の移動の度合いが違ってきます。特徴は以下のようになります。

①緩斜面の斜面下部
- 斜面の上部からゆっくりと移動してきた土壌が堆積しているため土壌が厚い。
- 斜面の上部から地下水が移動してくるため土壌の水分は多い。

②急斜面の斜面下部（侵食力の強い沢の近くに多い）
- 傾斜が急なため、土砂が移動しやすい。
- 斜面の上部から地下水が移動してくるが、土壌が薄いため、土

壌の水分は緩斜面より少ない。

斜面下部にはどんな樹木が多いでしょうか？
緩斜面の斜面下部では、土壌が厚いのが特徴です。この土壌は斜面の上部から長い時間をかけてゆっくりと移動してきて、堆積したものです。緩斜面の下部では、ケヤキ、ムクノキ、イタヤカエデ、ミズキ、トチノキ、ホオノキ、ハリギリ、オニグルミなどがよく見られます。

急斜面の斜面下部は、沢沿いに多く、土砂の移動の多いことが特徴です。また、場所によっては、岩盤が露出していたり、大きな岩が堆積していて土壌があまりない場所もあります。急斜面の下部では、常緑広葉樹林帯ではアラカシ、シロダモ、アオキなどが、落葉広葉樹林帯では、フサザクラ、アブラチャン、イイギリ、カラスザンショウ、アカメガシワ、タマアジサイが多く見られます。このほか、やせた土壌に耐える能力をもったヤシャブシなどのハンノキの仲間もよく出現します。

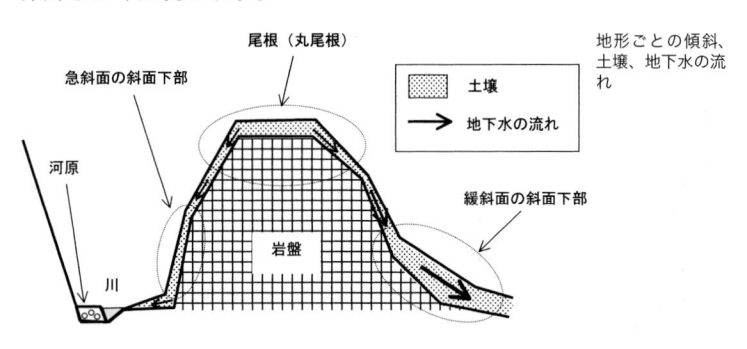

地形ごとの傾斜、土壌、地下水の流れ

河原

河原は、大雨の時に沢（渓流）や川によって運ばれた土砂が堆積した場所で、沢や川のほとりにできた平坦地です。一般的には、谷斜面をしみ下ってきた地下水や、沢や川の流水がしみこんでいるた

め、河原は湿潤な環境になりやすいといえます。ただし、河原に堆積している土砂の粒子の大きさは場所によってさまざまであることから、大きな石が堆積している場所は水はけがよいので乾燥しやすく、粘土などの細かい物質が堆積している場所は保水性がよいため湿潤である傾向があります。

　河原といえば、人間はバーベキューパーティを開いたり、失恋した時に物思いにふけるくらいにしか使いませんが、樹木は、たくさんの種類が河原を住み家としています。例えば、沢（渓流）沿いは、常緑広葉樹林帯では、フサザクラやアブラチャンなどが多く、落葉広葉樹林帯では、サワグルミ、シオジ、カツラ、トチノキ、サワシバ、カエデ類（イタヤカエデ、チドリノキなど）、オヒョウ、ミズメ、オオバアサガラなど、とてもバラエティーに富んだ森がつくられています。主に落葉広葉樹林帯において、沢（渓流）沿いに形成される特有の樹林は「渓畔林」とよばれます。

　なお、沢というよりも川といった方がよい緩やかな勾配の川には、広い河原ができていることがあります。土砂が堆積した広い河原には、ヤナギ類、ハンノキ、オニグルミ、ニセアカシアなどが生育しています。こういった河原は、増水時に水没することがあります。樹木は水中に没すると酸素が不足するために、生育できなくなりますが、ヤナギ類やハンノキは、根が水中に没しても、地上の幹から酸素を取り入れる能力をもっています。

4 森林の変化

　森林は、強風による風倒、斜面崩壊、山火事、火山噴火、人間の伐採などにより、しばしばダメージを受けます。局所的に植生が破壊されて、植生のなくなったいわば「空き地」を、ギャップとか撹乱地とよびます。自然の力は常に、このギャップを植生で覆って修復していこうとします。ギャップには、どのようなプロセスを経て森林がつくられていくのでしょうか。

大面積のギャップには、いきなり木が生えるのではなく、①はじめに草が生えて、②次に陽樹とよばれる木が生えて、③最後に陰樹とよばれる木が優占する、という順番で、段階を経て植生が変化していきます。そして陰樹の森になると、別な種類の木が侵入しにくくなります。このようにギャップができてから、植生が回復する過程には一定の順序があって、その変化の過程を遷移といいます。

1. 陽樹の時代

　ギャップができた直後には、日当たりのよい空間が形成されます。比較的大面積のギャップで土壌が残っている状態ならば、まず繁殖力で樹木よりも強い草がギャップを覆い草地になりますが、その後、陽樹が侵入して森をつくり始めます。

　陽樹とはどんな木でしょうか。

　ビジネスの世界に例えると、ギャップは、どの企業も参入していない新しい市場です。企業には、資金力や営業力の面で競争力のある大企業と、競争力がない零細企業があります。競争力がない零細企業が、多くの企業がひしめきあう市場に乗り込んでいったとしてもなかなか勝てません。しかし競争力がない零細企業でも、大企業が目をつけていない、つまり競争相手のいないニッチとよばれる「隙間の市場」では、成功することができます。零細企業は、大企業と違って決断と行動が早いため、スピーディに新しい市場を開拓して、大いに収益をあげることができるのです。

　この競争力は弱いが、スピーディに動ける零細企業が、自然界では陽樹にあたります。競争力のない陽樹は、ギャップにすばやく侵入し、根付き、森をつくります。

　なぜ、陽樹は、明るい場所で、よく生育するのでしょうか。

　陽樹と陰樹では、光の利用の仕方が異なっています。陽樹は、たくさんの日の光を浴びて、早く生長するタイプです。これに対して陰樹は、少ない光でゆっくり生長するタイプなのです。

　大きなギャップは、日をさえぎるものがない明るい環境なので、

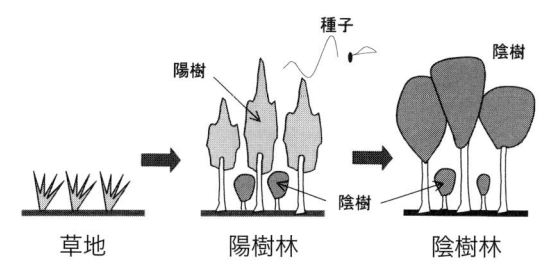

遷移の過程。植生がなかった土地では、草→陽樹→陰樹の順で植生が変化していく

陽樹にとって適しています。さらに陽樹は、ギャップをうまく利用するための特有の戦術を持っています。それは、プロペラのような翼のついた小さい種をたくさんつくり、風に乗せて遠くに飛ばしているのです。ギャップがどこにあるか木々は知りません。陽樹は、この「種のばらまき戦術」によって、種をギャップに到達させる確率を高めているのです。そして、ギャップに到達したら、すばやく生長し、高さをかせぐという戦術ももっています。速いスピードで高くなり、日光をたくさん獲得するのです。また、陽樹の種子のなかには、ギャップができる前から土壌中に潜んでいて（長い長い期間です）、ギャップが形成されたとたんにすばやく発芽する高等戦略をもつものもいます。代表的な陽樹は、アカマツ、コナラ、クヌギ、クリ、サワグルミ、シラカバ、カラマツなどです。

2．陰樹の時代

陽樹は、はたして長期に渡って森に君臨することができるでしょうか。

隙間市場とはいえ、儲かることがわかると競争力が強い大企業が参入してくることがあります。そうなると、もはや、競争力の弱い零細企業は、大企業にその座を追われてしまうかもしれません。

自然界では、陰樹が、その大企業にあたります。

陽樹には重大な弱点があります。陽樹の稚樹（子どもの木）は、

母樹（親の木）の下では、光が不足するため大きくなれません。しかも、陽樹は生長が早い反面、幹の密度が小さく、寿命があまり長くないのです。

これに対して、陰樹は、少ない光でも生長することのできるタイプの樹木です。生長はゆっくりですが、陽樹に比べると一般に寿命が長いのです。陽樹と違って、暗い母樹の下でも発芽し後継樹が育ちます。そして、上に高木がある時代は、日影に耐えていますが、ひとたび上の木が倒れてなくなると、光を得て大きく成長し、高木になります。

こうして、陽樹は、陰樹に取って代わられます。

陰樹は母樹の下で子孫を育てることができます。同じ種類の木が、安定して世代交代を繰り返すことができ、最終的に構成する植生の種がほとんど変化しなくなります。この状態を極相といいます。歴史でいえば、徳川長期安定政権といったところでしょうか。極相に至っていない陽樹の段階は途中相といいます。

陰樹の代表的な樹木は、タブノキ、シイ類、カシ類、ブナ、ミズナラ、コメツガ、シラビソなどです。なお、一般に常緑樹は多くが陰樹であり、常緑広葉樹林でも、遷移の初期には、落葉広葉樹の陽樹（例えばコナラ）の森ができ、やがて後に常緑樹の森になります。

森林は、常にどこかにギャップが形成されています。破壊された部分、修復しつつある部分を抱えていて、時間の経過とともにその場所は変化しつつあるのです。

以上述べてきた、陽樹と陰樹の特性や遷移のプロセスは、単純化した理論的なもので、現実には必ずしもこの通りに起こるとは限りません。例えば、土地条件によっては陽樹の森が続くこともあります。しかし、この遷移という考え方は、森林を見る上ではとても参考になる考え方です。

各樹木が陽樹か陰樹かの目安については、下に整理しました。樹木を観察する時の参考にしてください。

陽樹と陰樹の分類

分類	樹種
陽樹	アオハダ、アオダモ、アカマツ、ウダイカンバ、ウリカエデ、エゴノキ、オオバアサガラ、オニグルミ、カツラ、カラスザンショウ、カラマツ、キハダ、キブシ、キリ、クヌギ、クリ、コナラ、クロマツ、ゴヨウマツ（稚樹は弱光を好む）、ゴンズイ、サラサドウダン、サワグルミ、シオジ、シナノキ、シラカンバ、タカノツメ、ダケカンバ、ニセアカシア、ネジキ、ハリギリ、ハンノキ、ホオノキ、ミズキ、ミズメ、ムクノキ、ヤシャブシ、ヤマザクラ、ヤマナラシ
中庸樹	アワブキ、イタヤカエデ、イヌシデ、イラモミ、イロハモミジ、ウリハダカエデ、エノキ、オヒョウ、カシワ、クスノキ、ケヤキ（稚樹は陽光必要）、コメツガ、サワフタギ、トチノキ、ナツツバキ、ナナカマド、ハルニレ、ミズナラ（陽樹的性格もある）、ミネカエデ、ムクニキ、モミ、リョウブ
陰樹	アカガシ、アラカシ、イヌブナ（稚樹は陽光必要）、ウバメガシ、ウラジロガシ、ウワミズザクラ、オオシラビソ、カヤ、シラカシ、シラビソ、スダジイ、タブノキ、ツガ、ツクバネガシ、ツブラジイ、ツリバナ、ネズコ、ネズミモチ、ハウチワカエデ、ブナ（稚樹は陽光必要）、ホオノキ、マユミ、ヤブツバキ

　これまで述べてきたように、どんな森ができるのか、つまり「森の姿」は、気候や地形や人間活動の影響によって決まっていくことがわかります。しかし、「森の姿」を形づくる最も基本的な力は、樹木をはじめ生物が生きのびようとする意志、子孫を残そうとする意志だろうと思います。そのための戦略には、驚くべき知恵が見え隠れしています。

　私たちが見ている森とは、樹木をはじめとする森の生物が「生きようとする力」、「雨や風などの物理的な力」、「生物間の激しい競争」、「人間が与える影響」など、いくつかの「力」が、せめぎあった結果の「姿」なのです。森林観察をする際にも、どんな力がこの森をつくっているのかを考えることは、重要なのです。

樹木のミニ図鑑

アオキ：常緑広葉樹の低木。木の根元から複数の幹が分かれていることが多い。葉は厚く光沢があり、長さ8〜20cm程度と大きめ。葉の付き方は対生。葉の縁には、かなり大ぶりな鋸歯がある。葉の先はしっぽ状に少し伸びる。枝が緑色なのが目立つ。

アカガシ：常緑広葉樹の高木。葉は細長く、長さ8〜20cm程度。葉の付き方は互生。葉の縁は全縁。葉の裏は薄緑色で、葉脈が浮き上がる。葉柄は2〜4cmと比較的長い。樹皮はうろこ状にはがれる（若い木は平滑）。実はドングリ。タブノキと似るが、区別法はタブノキを参照。

アカメガシワ：落葉広葉樹の高木。葉はハート形で先がとがる（若い木には切れ込みが入る）。長さは10〜20cm。葉の付き方は互生。葉の縁は全縁。葉柄は5〜20cmと長く赤いのが目立つ。葉身の根元（葉柄の近く）に小さい腺体がある。樹皮は白っぽく細かい縦すじが入る。

アセビ：常緑広葉樹の低木。葉は長さ3〜4cmと小さ目。葉の付き方は互生だが、枝先に束になって付く。葉の縁にはかすかな鋸歯がある。葉の裏には網目状の葉脈が見られる。樹皮は縦に裂け、幹はねじれる。

アブラチャン：落葉広葉樹の低木。葉は、長さ4〜8cm。葉の付き方は互生。葉の縁は全縁。葉柄は赤く長さは1〜2cm。樹皮はこげ茶色でつやがあり、よく根元から幹が分かれる。類似種のクロモジは、枝が緑色で黒い斑点があるほか、アブラチャンより葉が細長く枝先に束になって付く。ヤマコウバシは、葉柄がごく短く、葉の根元に芽がつくことが区別点。

アラカシ：常緑広葉樹の高木。葉は厚く光沢があり、葉の長さは5〜12cm。葉の付き方は互生。葉の上半分に粗い鋸歯がある。葉の裏は、毛が生えていてやや白い薄緑色。樹皮は灰色で滑らかである。実はドングリ。葉が茂っている印象は、荒々しいガサガサした感じ。アカガシに似るが、アカガシは葉が全縁。アカガシは樹皮がまだらにはげるが、アラカシははげない。シラカシとの区別点はシラカシの欄参照。

アワブキ：落葉広葉樹の高木。葉は長さ10〜25cmと大き目。葉の付き方は互生。葉の縁には細くとがった鋸歯がある。樹皮は黒く滑らかである。

イイギリ：落葉広葉樹の高木。葉はハート型で、長さ10〜20cm。葉の付き方は互生。葉の縁には低い鋸歯がある。葉柄は10〜20cmと長い。ハートのくぼみの所にいぼ状の腺体がある。樹皮は白っぽく平滑で皮目が多い。アカメガシワに似るが、アカメガシワは全縁。

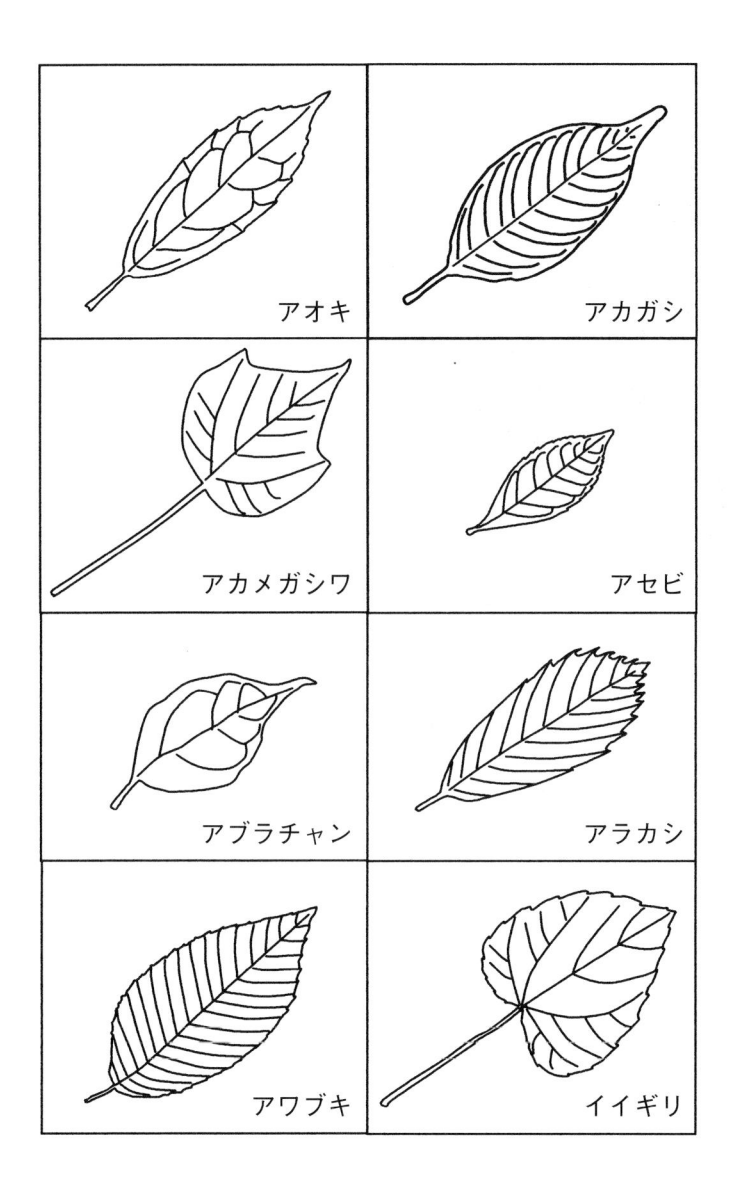

アオキ	アカガシ
アカメガシワ	アセビ
アブラチャン	アラカシ
アワブキ	イイギリ

樹木のミニ図鑑

イタヤカエデ：落葉広葉樹の高木。葉は切れ込みの入ったいわゆる「カエデ」の形で、長さ6～14cm。カエデの仲間らしく葉の付き方は対生。カエデとしては珍しく葉の縁は全縁。樹皮は、白っぽい灰色で平滑、老木は浅く縦に裂け目が入る。葉は密に茂る。

イヌガヤ：カヤの項参照

イヌビワ：落葉広葉樹の低木。落葉樹だが、常緑樹林の中によく生える。葉は長さ8～20cm、楕円形だが、ややいびつな独特の形をしていて先はとがる。葉の付き方は互生で、葉の縁は全縁。葉柄が付いている枝の部分には、はちまき状の丸い輪がついている。いちじくの実を小さくしたような果実をよく付けている。樹皮は白く滑らか。

イヌブナ：ブナを参照

イロハモミジ：落葉広葉樹の高木。葉の形はいわゆるカエデの形で、長さは3～5cmと小さい。葉の付き方は対生。葉の縁には粗い重鋸歯がある。樹皮は白っぽく浅い縦の裂け目が入る。オオモミジに似るが、オオモミジは、イロハモミジの1.5倍くらい大きい上に、切れ込みが浅く、鋸歯も細かくそろっている。

イラモミ：常緑針葉樹。葉は針状で長さは1cm程で湾曲する。葉の断面は四角形。樹皮は平滑か浅く割れている。樹形は円錐形である。

ウリカエデ：落葉広葉樹の小高木。葉は2または4カ所に切れ込みが入ることが多い。葉の長さは、4～8cmで縦の長さが横の長さよりやや大きい。葉の付き方は対生で、葉の縁には重鋸歯がある。樹皮は緑色と黒の縦じま模様が目立つ。樹皮はウリハダカエデに似るが、区別法はウリハダカエデの項参照。

ウリノキ：落葉広葉樹の低木。葉は2カ所に浅い切れ込みが入り、長さは7～20cm。葉の根元はハート型にくぼむ。葉の付き方は互生で、葉の縁は全縁である。アカメガシワに似るが、ウリノキは葉身の根元がハート型にくぼむ。

ウリハダカエデ：落葉広葉樹の小高木。葉は五角形に近く、浅く2または4カ所に切れ込みが入っている。葉の長さは10～15cmで縦と横の長さがほぼ同じ。葉の付き方は対生で、葉の縁には重鋸歯がある。樹皮は緑色と黒の縦じま模様が目立つ。樹皮はウリカエデに似るが、ウリカエデの葉は、ウリハダカエデの葉の約半分で、縦に長い。

ウラジロモミ：モミを参照。

エゴノキ：落葉広葉樹の小高木。葉は長さ4～8cm。葉の付き方は互生で、鋸歯はあるが、鈍いものが点々とあるのみである。葉の裏に毛が多い。樹皮は黒っぽく、縦に浅い割れ目が入る。

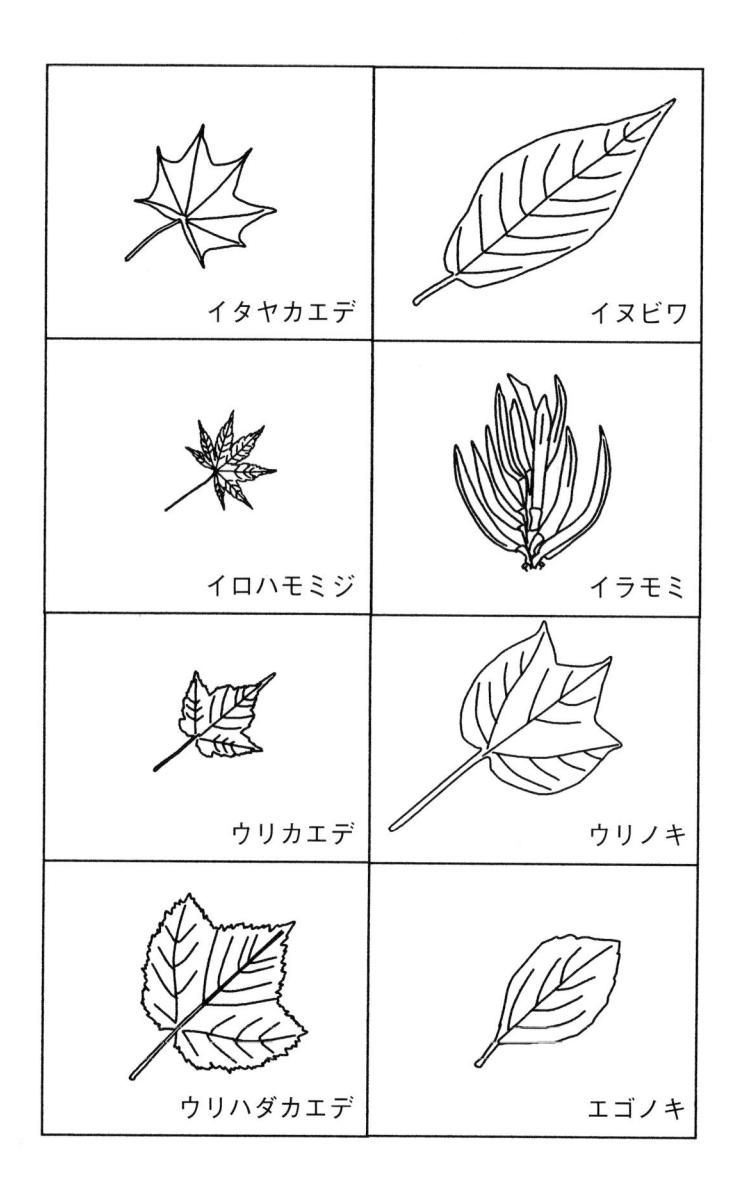

イタヤカエデ	イヌビワ
イロハモミジ	イラモミ
ウリカエデ	ウリノキ
ウリハダカエデ	エゴノキ

樹木のミニ図鑑

オオカメノキ：落葉広葉樹の低木。別名ムシカリ。葉はほぼ円形で、長さ15cm程度。葉の付き方は対生で、葉の縁にはふぞろいの鋸歯がある。葉脈が密にあり、側脈はよく分岐する。葉の裏には葉脈が浮き出る。

オオバアサガラ：落葉広葉樹の高木。葉は長さ７〜20cmと大きい。葉の付き方は互生である。歯の縁には、短く細い鋸歯がある。樹皮は茶色〜灰色で縦に裂ける。タマアジサイに似るが、タマアジサイは対生で、鋸歯が大ぶりである。

オオモミジ：イロハモミジを参照

オヒョウ：落葉広葉樹の高木。葉は長さ７〜15cm。しばしば葉の先に切れ込みが入り、独特の形となる。葉の付き方は互生で、葉の縁には大ぶりの重鋸歯がある。樹皮は灰色で、縦に浅く裂ける。

カクレミノ：常緑広葉樹の小高木。葉の長さは７〜12cm位で、葉の２カ所に切れ込みが入って独特の形をしていることが多い。葉脈は、葉の付け根から３つに分かれる。葉の付き方は互生で、葉の縁は全縁である。葉柄が長いことも目立つ。樹皮は白く平滑である。

カツラ：落葉広葉樹の高木。葉の形は円に近いハート型で、長さは４〜８cm。葉の付き方は対生で、葉の縁には波状の鋸歯がある。幹は縦に裂ける。

カマツカ：落葉広葉樹の小高木。葉の付き方は互生で、葉の縁には細く鋭い鋸歯がある。樹皮は暗い灰色。

カヤ：常緑針葉樹。１枚の葉の長さは１〜２cm程度。葉の形は扁平な針形で、先端は鋭くとがっていて、そり返る。葉先を手で触ると痛い。葉は枝に対して平べったく付く。樹形は円錐形だが、乱雑な印象がある。樹皮は縦に長い割れ目が入り、繊維状によくはがれる。類似種のイヌガヤは、葉の先が柔らかく手で触っても痛くない。

カラスザンショウ：落葉広葉樹の高木。複葉で、小葉は細長く13〜23枚（６〜11対）付く。葉（複葉全体）の付き方は互生である。葉の縁には鋸歯がある。葉をちぎると独特のにおいがする。樹皮にはとげやこぶが多い。典型的な陽樹で日当たりのよい場所に生える。同じ陽樹で複葉の木にヌルデがあるが、ヌルデは葉の形が丸みを帯びていて、複葉の軸の部分に、翼（細長いひれ）が付くことで見分けられる。

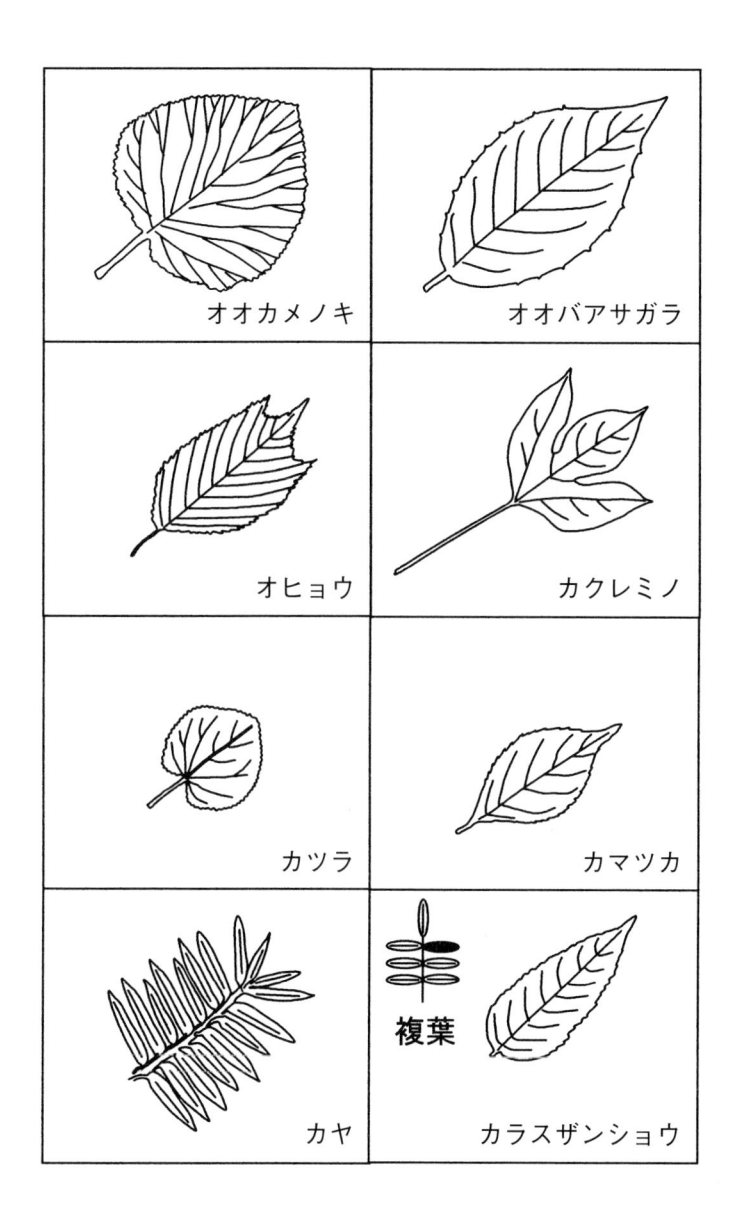

オオカメノキ	オオバアサガラ
オヒョウ	カクレミノ
カツラ	カマツカ
カヤ	複葉 / カラスザンショウ

樹木のミニ図鑑

カラマツ：落葉針葉樹。寒冷地の人工林の代表。日本で自生する針葉樹では唯一落葉樹なので、葉の色は明るい緑色。枝にこぶ状の短枝が出てそこに葉が束になって付く。葉の長さは、2〜3cmで、触るとやわらかい。樹形は円錐形で、樹皮は縦に裂ける。

クヌギ：落葉広葉樹の高木。葉は細長く、長さ8〜15cm。葉の付き方は互生である。側脈は平行に並び、鋸歯に達する。鋸歯は針のように細く突き出るが、鋸歯の周りには緑色の葉（葉緑組織）はない。実は丸いドングリ。樹皮は縦に深く割れる。類似種のクリは、鋸歯の先端付近まで、緑色の葉が付いている点がクヌギと異なる。

クマシデ：落葉広葉樹の高木。葉は細長く長さ6〜10cm、葉の付き方は互生で、葉の縁に重鋸歯がある。類似種のサワシバと異なり、葉の基部はへこまない。樹皮は、灰色で滑らかだが、浅い縦の裂け目が入る。クマシデの類似種は多い。葉の長さは、クマシデが8cm位、イヌシデが6cm位、アカシデが4cm位なので、大きさでも区別できる。また、イヌシデは葉に毛が生えており、アカシデは葉の先端がしっぽ状によく伸び、葉柄が赤みを帯びる。

クリ：落葉広葉樹の高木。葉は細長く、長さ8〜15cm。葉の付き方は互生である。側脈は平行に並び、鋸歯に達する。鋸歯は針のように細く突き出るが、鋸歯の周りにも緑色の葉緑組織がある。樹皮は縦に深く割れる。類似種のクヌギとの区別点はクヌギの項参照。

ケヤキ：落葉広葉樹の高木。葉の長さは3〜10cm。葉の付き方は互生で、葉の縁には鋸歯がある。鋸歯の先はとがって、葉先の方向に曲がる。側脈は枝分かれせず鋸歯の先端に入る。樹皮は白っぽく滑らかで、斑状によくはげる。樹形はほうきを逆さにしたような形である。ムクノキに似るが、ムクノキは側脈が枝分かれして鋸歯の先に入る。

コクサギ：落葉広葉樹の低木。葉の先が幅広い形で長さ5〜13cm。葉の付き方は互生だが特殊で、枝の左側に2枚、右側に2枚というふうに、2枚ずつ左右に付く。葉の縁は全縁。葉の表面に光沢があり、葉をちぎると独特のにおいがする。

コナラ：落葉広葉樹の高木。葉は先の方が幅広い形で、長さ6〜15cm。葉の付き方は互生で、葉の縁には大ぶりな鋸歯がある。樹皮は縦によく裂ける。実はドングリ。よく似たミズナラとの区別点は、ミズナラの項参照。

コミネカエデ：落葉広葉樹の小高木。いわゆるカエデの葉の形で、葉の長さは5〜8cm。葉の付き方は対生である。葉の縁には粗い重鋸歯が見られ、鋸歯の切れ込みがとても深いことが特徴。葉の先端がしっぽ状によくのびる。樹皮は、黒っぽく滑らかで浅い縦の裂け目が入る。ミネカエデに似るが、ミネカエデは葉柄の赤みが強く、葉の先端がコミネカエデほど長くのびない。葉柄を見ると、コミネカエデは無毛だが、ミネカエデは毛が多い。また、ミネカエデは、コミネカエデよりも標高の高い亜高山に主に分布する。

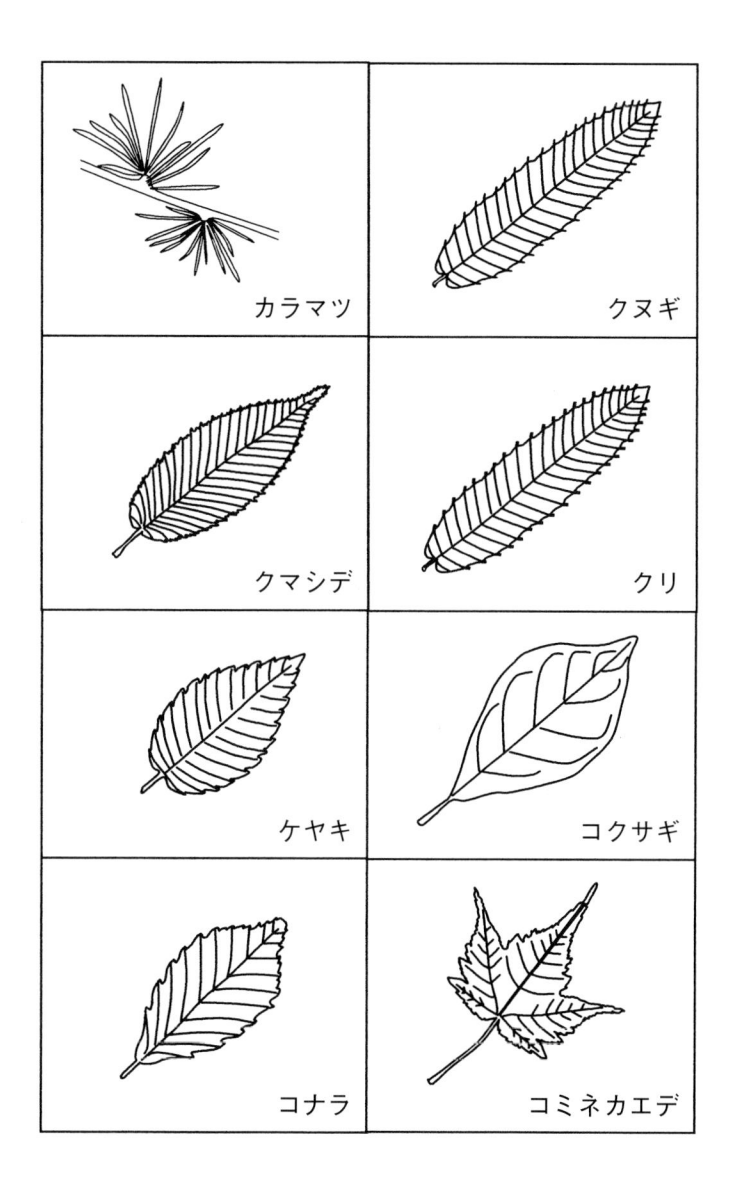

カラマツ	クヌギ
クマシデ	クリ
ケヤキ	コクサギ
コナラ	コミネカエデ

樹木のミニ図鑑

コメツガ：常緑針葉樹。亜高山に多い。1枚の葉の長さは、1～1.5cmと小さめ。葉の形は扁平な針形で、先端は丸く少しくぼむ。長短まちまちで、枝に水平には付かず、枝の全周に付く。樹形は円錐形。樹皮は縦に割れ目が入る。類似種のツガとの区別はツガの項参照。シラビソは樹皮が平滑で割れ目がないので区別できる。シラビソの葉は長さがそろっており細長く、色もコメツガより濃い緑色。

ゴヨウマツ：常緑針葉樹。葉の形は、細長い針葉（いわゆる松葉）で、針葉が5本で1セットになっているので「五葉松」とよばれる。葉は柔らかく、指で触れてもあまり痛くない。樹形は円錐形。樹皮は、縦に裂け目が入りはがれる。

サクラドウダン：落葉広葉樹の低木。葉は長さ3～6cm。互生だが、枝先に集まって葉が付く。葉の縁には細かい鋸歯がある。葉裏の葉脈に毛が生えている。

サワグルミ：落葉広葉樹の高木。小葉9～21枚（4～10対）からなる複葉で、複葉は互生する。小葉は細長く、長さ6～13cm、先端は細くとがる。小葉の縁には細かい鋸歯がある。樹皮は縦にさける。類似種のオニグルミは、小葉の大きさが一回り大きく、小葉が重なり合うように付いている。樹形はサワグルミはすらりと直立するが、オニグルミは横に広がりやすい。シオジとの区別点は、シオジの項参照。

シオジ：落葉広葉樹の高木。小葉5～9枚（2～4対）からなる複葉で、複葉は対生する。小葉は細長く、長さ8～20cm、先端は細くとがる。小葉の縁には鋸歯がある。樹皮は縦にさける。アオダモも複葉を持ちシオジと似るが、アオダモは小葉が5枚（2対）であり、樹皮は白く滑らか。サワグルミともよく似るが、小葉の大きさ、枚数、鋸歯の大きさはシオジの方が大きい。側脈を見ると、サワグルミは弧を描くが、シオジは直線的。

シキミ：常緑広葉樹の低木。葉は厚く光沢があり、長さ5～10cm。葉の付き方は互生だが、枝先には束になって付く。葉の縁は全縁である。葉の先はしっぽ状に少しのびる。葉は厚いため表も裏も側脈がよく見えない。葉はちぎると線香の香りがする。樹皮は平滑。サカキが似るが、サカキはやや丸みを帯びた葉で、葉柄の根元に鎌状の芽が付く。

シラカシ：常緑広葉樹の高木。葉はやや厚く光沢があり、細長く、長さ5～12cm。葉の付き方は互生である。葉の縁にゆるい鋸歯がある。葉の裏は薄緑色。樹皮は灰色か黒っぽく、滑らかであるか、小さいイボがたくさん付いている。実はドングリ。よく似たウラジロガシは鋸歯が鋭くとがり、葉の裏が白っぽく、葉の縁が波打っている。

シラキ：落葉広葉樹の高木。葉は小判のような形で先はややとがる。葉の長さは7～15cm。葉の付き方は互生で、葉の縁は全縁である。葉身の根元（葉柄の近く）や、側脈の先端にも腺点がある。樹皮は特徴的で、粉を吹いたように白く滑らか。

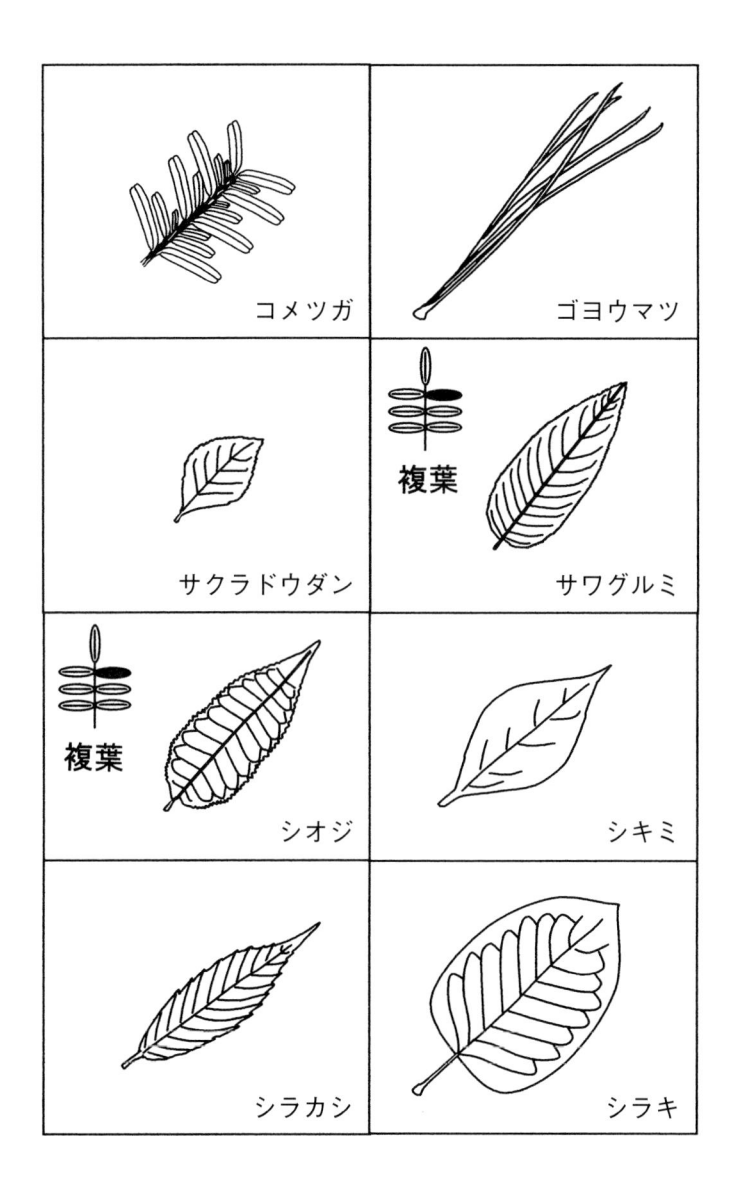

コメツガ	ゴヨウマツ
サクラドウダン	複葉 サワグルミ
複葉 シオジ	シキミ
シラカシ	シラキ

樹木のミニ図鑑

シラビソ：常緑針葉樹。亜高山に多い。１枚の葉の長さは２〜2.5cm程度。葉の形は扁平な針形で、先端は丸く、少しくぼむ。長さはそろっている。樹形はきれいな円錐形。樹皮は灰色、平滑で、割れ目が入らない。脂袋といわれる横長のふくらみがあり、脂が入っている。

シロダモ：常緑広葉樹の高木。葉は先がとがり、長さ８〜18cm。葉の付き方は互生だが、枝の先に束になって付く。葉のへりは全縁である。葉の付け根から葉脈が３つに分かれることが特徴（三行脈という）。葉の裏は粉を吹いたように白い。樹皮は白く滑らかで、若葉はビロードのような手触りである。ヤブニッケイに似るが、ヤブニッケイは裏が白くないことと、枝先の葉が束にならないことで区別できる。

スダジイ：常緑広葉樹の高木。葉は厚く光沢があり、葉の長さは５〜10cm 。葉先はとがる。葉の付き方は互生で、葉の縁は基本的に全縁である。葉の裏が茶色いことが大きな特徴。樹皮は縦に深いヒビが入る。実はドングリ。アカガシとやや似るが、アカガシは樹皮が割れないことと、葉が１サイズ大きく裏が薄緑色なので区別できる。

ズミ：落葉広葉樹の小高木。葉の長さは３〜13cmで、切れ込みがある葉も混じる。葉の付き方は互生で、葉の縁には細かい鋸歯がある。

ダケカンバ：落葉広葉樹の高木。亜高山に分布する。葉の形はハート型で、葉の長さは５〜10cm。葉の付き方は互生で、葉の縁には重鋸歯がある。葉の先は、長くしっぽのようにのびる。樹皮はとても特徴的で、橙色で、光沢があり、横にはげる。シラカバに似るが、シラカバは、樹皮が白く光沢がない、葉の基部がへこまず三角形に近いことで区別できる。ダケカンバの方が鋸歯の切れ込みが鋭い。

タブノキ：常緑広葉樹の高木。葉は厚く光沢がある。葉の長さは８〜15cm。葉先が丸く突き出す。葉柄は２〜４cm。葉の付き方は互生だが、枝先では束になって付き、その中心に太った芽が１つ付く。葉の縁は全縁である。樹皮は明るい灰色で平滑。類似種のアカガシは、樹皮がまだらにはげ、葉はあまり束にならず、葉の先端がタブノキより鋭くとがる。アカガシは枝先に１つではなく数個の芽を付ける。類似種のカゴノキは、タブノキよりサイズが一回り小さく、樹皮が「かのこ模様」にはげる。

タマアジサイ：落葉広葉樹の低木。葉の長さは10〜20cm。葉の付き方は対生で、葉の縁には鋭く不ぞろいの鋸歯がある。葉の表裏に毛が多くざらつく。やや似るコアジサイは葉の長さが５〜８cmと小さく、鋸歯が大ぶりなので区別できる。

チドリノキ：落葉広葉樹の小高木。葉は長さ７〜15cm。葉に切れ込みはないが、カエデの仲間なので葉の付き方は対生。葉の縁には重鋸歯がある。直線的で平行な側脈が鋸歯の先端に入る。樹皮は灰色で滑らか。やや似るクマシデ、サワシバは互生であり区別できる。またサワシバは、葉身の根元がよくへこむ。

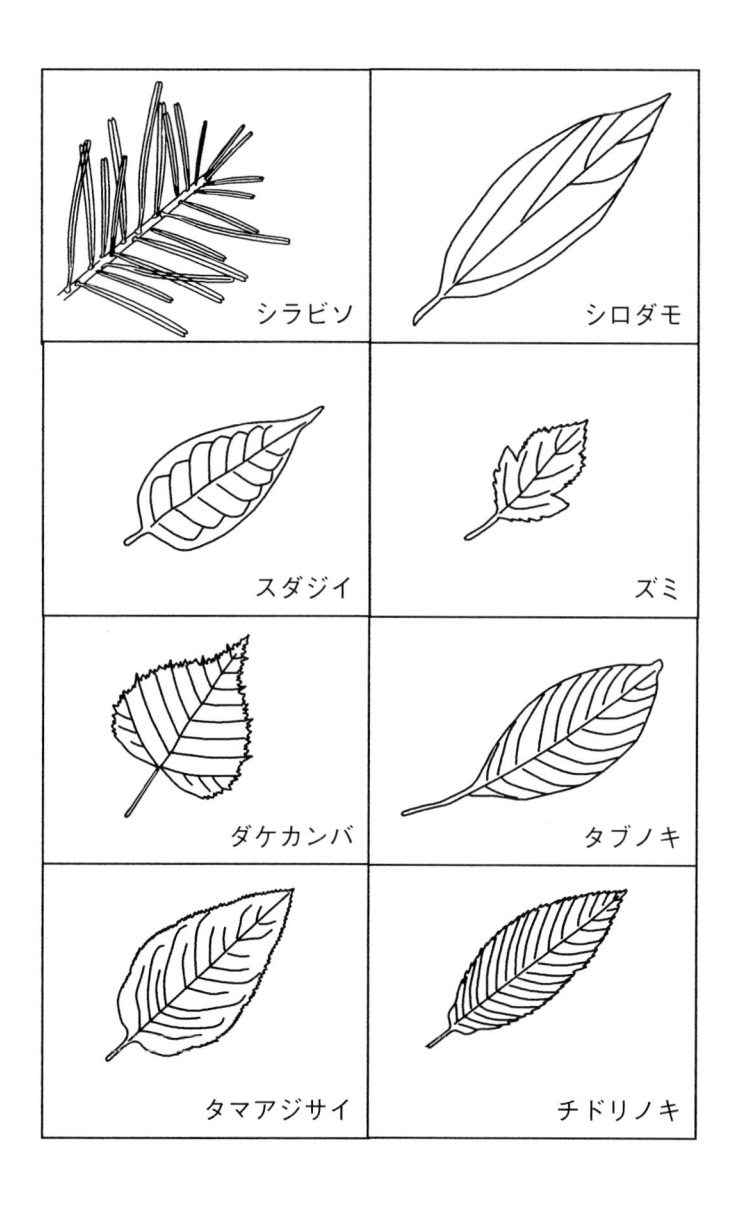

シラビソ	シロダモ
スダジイ	ズミ
ダケカンバ	タブノキ
タマアジサイ	チドリノキ

樹木のミニ図鑑

ツガ：常緑針葉樹。1枚の葉の長さは、1〜2cm程度。葉の形は扁平な針形で、先端は丸く真ん中が少しくぼむ。葉の長さはまちまちで、らせん状に互生して直角に枝に付く。樹皮は、縦に割れ目が入りはがれる。モミと似るが葉の形などで区別できる（モミの項参照）。コメツガは、ツガよりも葉が一回り小さい。ツガは、若い枝が無毛だが、コメツガは毛が生えている。ツガは落葉広葉樹林帯に分布するが、コメツガは亜高山帯に分布し分布域が異なる。

ツノハシバミ：落葉広葉樹の低木。葉の長さは5〜12cmで、葉先はとがる。葉の付き方は互生。葉の縁は重鋸歯だが、鋸歯が所々飛び出す。樹皮は灰色〜茶色で滑らか。横長の皮目がある。

トウゴクミツバツツジ：落葉広葉樹の低木。葉は長さ5〜7cm。互生だが、枝先に3枚ずつ葉が付く。葉の縁は全縁。葉柄に毛が密生する。よく似たミツバツツジは、葉柄に毛がない。

トベラ：常緑広葉樹の低木で海岸に多い。葉は長さ7〜10cmで、葉の上部（先）が幅広く、枝先に丸く輪になって付く。葉の付き方は互生で、葉の縁は全縁。葉は裏側に巻く。葉に独特のにおいがある。車輪状に葉がつくのはシャリンバイとも似るが、シャリンバイの方が、葉が丸く、硬く、ゆるい鋸歯がある。また、シャリンバイはあまり葉がそり返らない。

ナナカマド：落葉広葉樹の高木。亜高山に多く紅葉が鮮やか。複葉で、小葉は11〜15枚（5〜7対）。小葉は長さ4〜10cm。葉の付き方は互生で、葉の縁には鋭い重鋸歯がある。

ネズコ：常緑針葉樹。別名クロベ。葉の形は扁平な鱗片状。長さ3mmほどのウロコのような形をした鱗片がつながりあっている。樹形は円錐形。樹皮は茶色で、縦に裂け目が入りはがれる。ヒノキに似るが、ネズコは葉の裏の白い気孔帯が明瞭ではない（ヒノキは明瞭なH型の気孔帯がある）。

ハウチワカエデ：落葉広葉樹の高木。葉は長さ7〜13cmで、切れ込みの入った、いわゆるカエデの形。葉の付き方は対生で、葉の縁は重鋸歯である。樹皮は白っぽい灰色で平滑、まれに浅く縦に裂け目が入る。

ハクサンシャクナゲ：常緑広葉樹の低木。葉は長さ6〜13cm。互生だが枝先に束になって付く。葉の縁は全縁である。葉は裏側に巻く。葉柄につながる葉身の根元は丸い形である。類似種のアズマシャクナゲは、葉身の根元が細くとがり、楔形になって葉柄につながる。

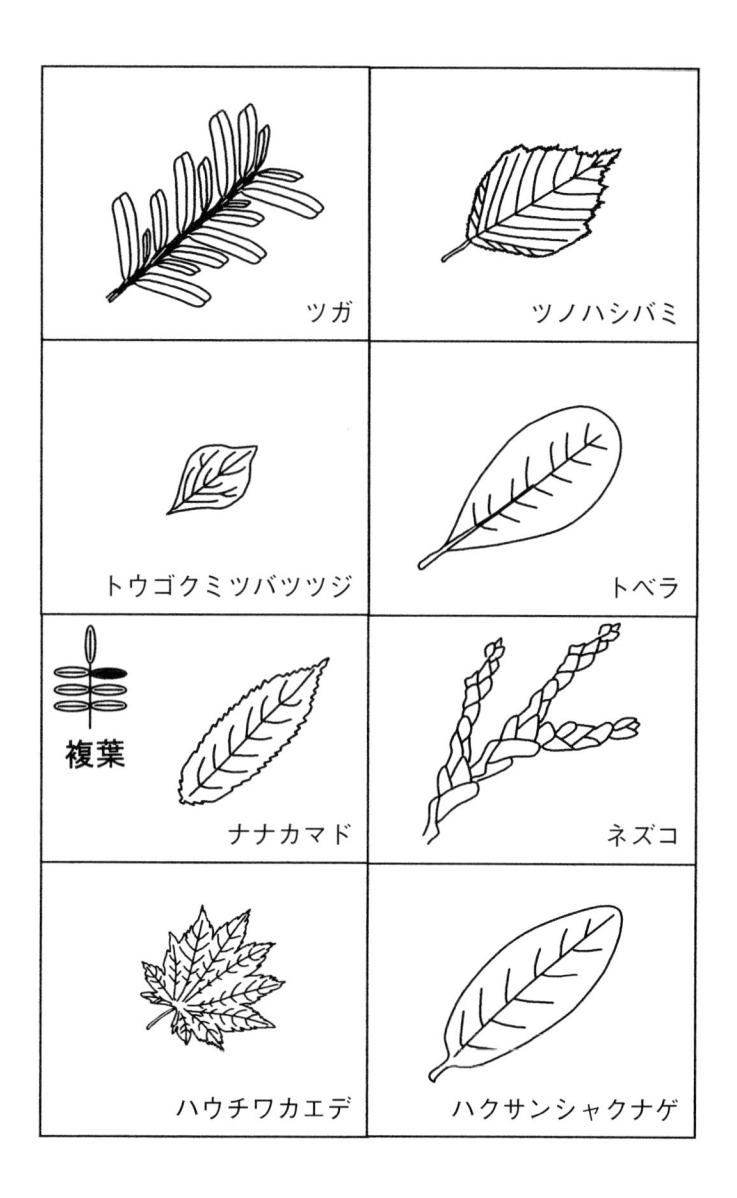

ツガ	ツノハシバミ
トウゴクミツバツツジ	トベラ
複葉　ナナカマド	ネズコ
ハウチワカエデ	ハクサンシャクナゲ

樹木のミニ図鑑

ハリギリ：落葉広葉樹の高木。葉はグローブのような形で、長さ10～30cm。葉の付き方は互生だが、枝先に集まって付く。葉の縁には鋭く細かい鋸歯がある。枝に多くのとげがある。樹皮は黒っぽく縦に裂ける。

ハンノキ：落葉広葉樹の高木。湿地に多く生える。葉の長さは5～12cm程度。葉の付き方は互生で、葉の縁に鋸歯はあるが低い。主脈と側脈の分かれ目に毛が生えている。側脈は枝分かれして鋸歯に入る。樹皮は縦に裂ける。

ヒサカキ：常緑広葉樹の低木。葉は厚く光沢があり、長さ3～7cmと小さめ。葉柄も短く2～4mm。葉の先はしっぽ状に少しのび、その先端は真ん中がくぼむ。葉の付き方は互生で、葉の縁には細かい鋸歯がある。枝先の葉の根元には、鎌のように曲がった芽がある。よく枝分かれし、葉も密に茂る。樹皮は平滑。

ヒトツバカエデ：落葉広葉樹の高木。葉は長さ7～20cm程度。葉の先はしっぽ状にとがる。葉の付き方は対生である。葉の縁には鈍い鋸歯がある。樹皮は暗い灰色で皮目が多い。イイギリにやや似るが、イイギリは鋸歯が所々にしかなく、また互生することが区別点。

フサザクラ：落葉広葉樹の高木。葉の形は円に近く、葉の長さは6～12cm。葉の付き方は互生である。葉の縁は非常に特徴的で、所々ツノのように飛び出る鋸歯がある。葉の先端はしっぽのように長くのびる。葉柄は長く3～7cm。枝は、よく枝分かれする。樹皮は、白っぽく、小さな横長の皮目があり、小さなこぶが目立つ。

ブナ：落葉広葉樹の高木。葉は丸みを帯び、長さ5～12cm。葉の付き方は互生である。葉の縁はとがらない波状の鋸歯。樹皮は白っぽい灰色で、しばしばコケに似た地衣類が付着してまだらになる。イヌブナがよく似るが、葉はイヌブナの方が大きめ。葉の側脈が、ブナは7～11対だが、イヌブナは10～14対。また、イヌブナの樹皮は黒っぽくて、イボ状の皮目（突起）が多く、根元から萌芽枝をよく出す。

ホオノキ：落葉広葉樹の高木。葉は非常に大きく、30～40cm。葉の付き方は互生で、葉の縁は全縁である。樹皮は白っぽく皮目が多い。

マサキ：常緑広葉樹の低木で、海岸に多い。葉は長さ3～8cm程度で、光沢がある。葉の付き方は対生で、葉の縁には鋸歯がある。枝も緑色をしている。

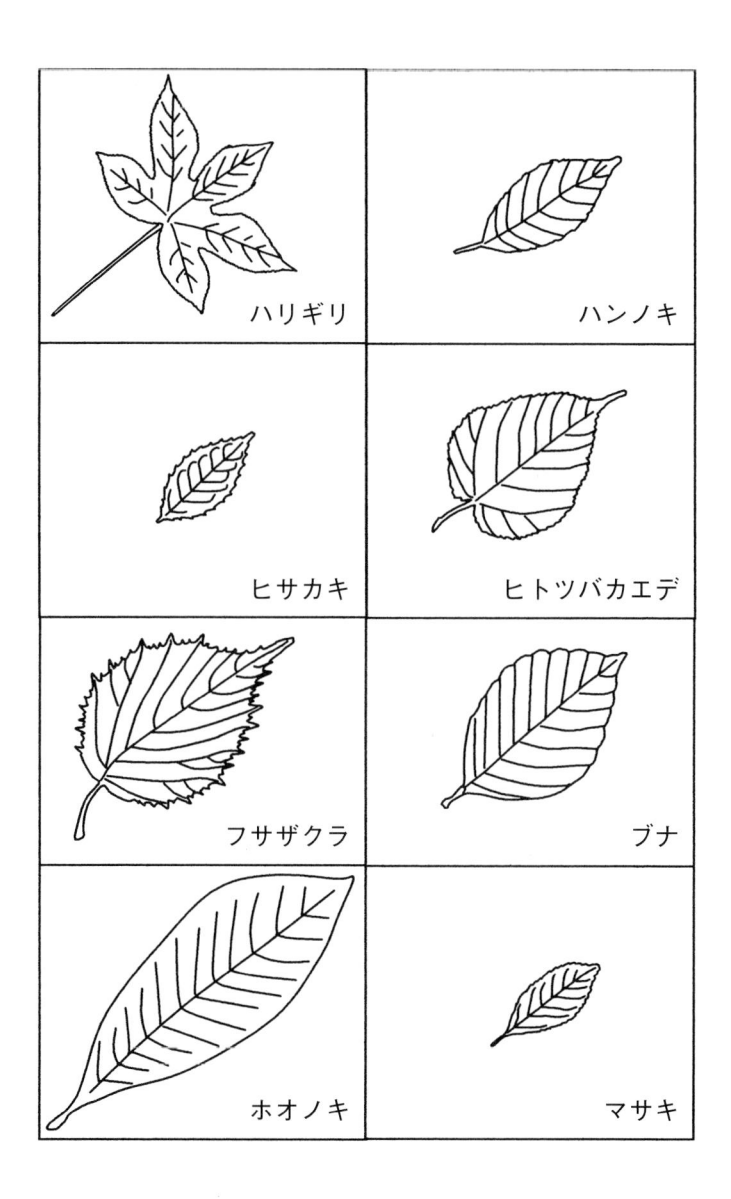

ハリギリ	ハンノキ
ヒサカキ	ヒトツバカエデ
フサザクラ	ブナ
ホオノキ	マサキ

樹木のミニ図鑑

マユミ：落葉広葉樹の小高木。葉は長さ5〜15cm。葉先はとがる。葉の付き方は対生で、葉の縁には鋸歯がある。樹皮は灰色で縦に深く裂ける。ツリバナに似るものの、マユミは葉の裏の葉脈が浮き出るが、ツリバナは浮き出ない。

マルバウツギ：落葉広葉樹の低木。常緑広葉樹林によく見られる。葉の長さ3〜6cm。葉の付き方は対生で、葉の縁には鋸歯がある。

ミズナラ：落葉広葉樹の高木。葉は長さ10〜20cmと大型。葉の付き方は互生だが、枝先に集まって付く。葉の縁には大ぶりの鋸歯がある。葉先の方が幅が広い形をしている。葉柄はほとんどない。樹皮は、縦に割れ目が入るだけでなく、表皮がはがれる。実はドングリ。コナラに似るが、関東ではミズナラが標高約800mより上に分布するのに対して、コナラは標高約800m以下に分布する。葉の大きさは、ミズナラが長さ10〜20cmとかなり大型なのに対し、コナラは6〜15cmとやや小さい。ミズナラは葉柄がほとんどないのに対して、コナラは葉柄が1cm位ある。樹皮がミズナラは、縦に裂けるだけでなく表皮がはげるが、コナラは縦に割れ目が入るがはげない。

ミズメ：落葉広葉樹の高木。葉は長さ5〜10cm程度。葉の付き方は互生で、葉の縁には鋸歯がある。樹皮はサクラ類に似て横に筋が入る。

ミネカエデ：コミネカエデの項参照。

ミネヤナギ：落葉広葉樹の低木。亜高山に多い。葉の形は細長く、長さ5〜10cm。葉の付き方は互生。葉の縁は波状の鋸歯がある。葉の表はつやがあり、裏は白みがかる。

ミヤマハンノキ：落葉広葉樹の小高木〜低木。亜高山に多い。葉の形はハート型で、葉の長さは5〜10cm。葉の付き方は互生で、葉の縁には重鋸歯がある。葉の裏側には腺点があり、触ると粘付く。樹皮は滑らかで点々と皮目が見られる。よく似たダケカンバは葉の形が三角形に近いが、ミヤマハンノキは円に近い。葉の粘りでも区別できる。

ムクノキ：落葉広葉樹の高木。葉は長さ5〜10cm。葉の付き方は互生で、葉の縁には鋸歯がある。鋸歯の先はとがって、上方に曲がる。側脈は枝分かれしてそれぞれが鋸歯の先端に入る。葉柄に最も近い側脈は、よく枝分かれする。樹皮は白っぽく滑らかで、細かく縦に割れる。ケヤキに似るが、ケヤキは側脈がほとんど枝分かれせず鋸歯の先に入り、葉柄に最も近い側脈は枝分かれしない。

ムラサキシキブ：落葉広葉樹の低木。常緑広葉樹林でもよく見られる。葉の形はひし形に近い楕円形で、葉の長さは6〜12cm。葉の付き方は対生で、葉の縁には細かい鋸歯がある。葉の先は、長くしっぽのようにのびる。しばしば根元から幹が枝分かれする。よく似たヤブムラサキは葉に毛が多く、葉を触ってみるとふかふかした感触がある。コムラサキは、ムラサキシキブよりも一回り小さく、鋸歯が上半分にのみ見られる。

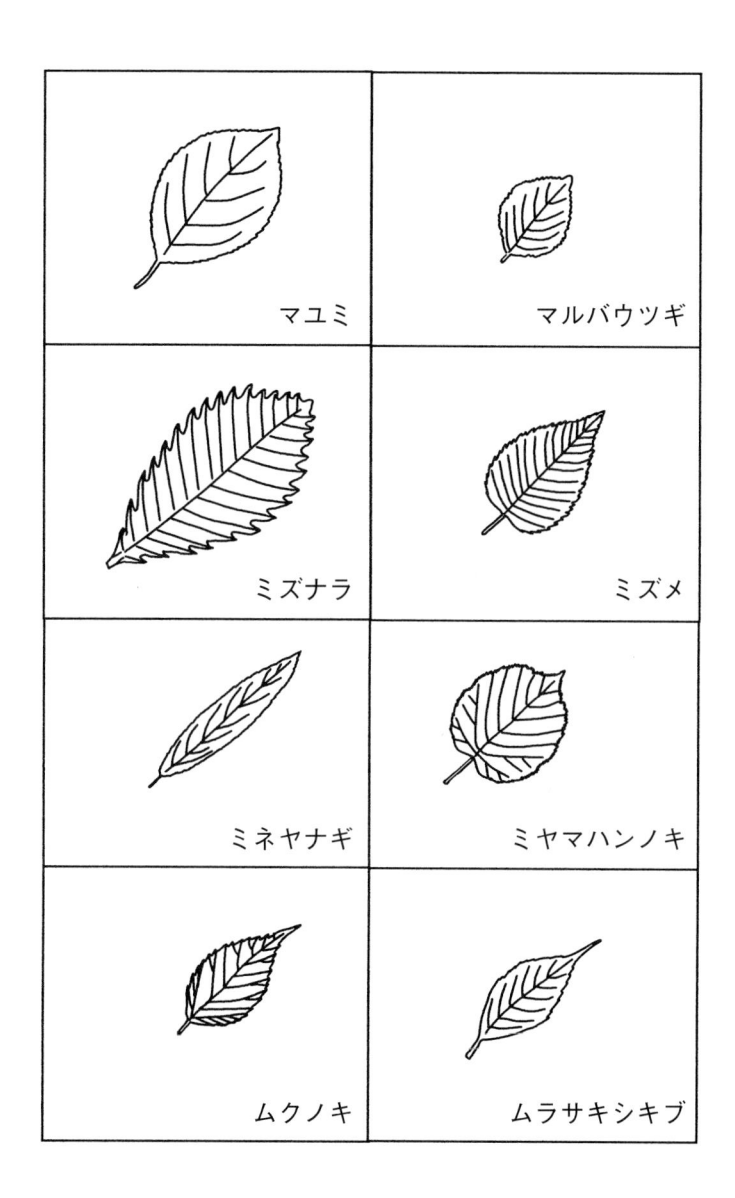

マユミ	マルバウツギ
ミズナラ	ミズメ
ミネヤナギ	ミヤマハンノキ
ムクノキ	ムラサキシキブ

樹木のミニ図鑑

モクレイシ：常緑広葉樹の低木。葉は長さ3〜5cm。厚く光沢がある。葉の付き方は対生で、葉の縁は全縁である。伊豆半島など限られた範囲に分布する。

モチノキ：常緑広葉樹の高木。海岸部に多い。葉は厚く光沢があり、葉脈がよく見えない。葉の長さは5〜8cmで、先が少し突き出る。葉の付き方は、互生で枝先に束になって付く。葉の縁は全縁である。葉はやや波打つことがある。樹皮は白く滑らか。シキミに似るが、シキミは内陸山地に多く、葉をちぎると線香の香りがする。

モミ：常緑針葉樹。1枚の葉の長さは、2cm程度。葉の形は扁平な針形で、若い枝の葉や日陰の葉は、鳥のくちばしのように2つに分かれてとがる。樹形は円錐形。樹皮は暗い灰色で、成木は縦に割れ目が入る。横長のつぶつぶした脂袋がある。類似種のツガは、葉の長さがモミよりやや短く、葉の長さがそろわない。ツガの葉はすべての葉の先が丸く、真ん中が少しぼんでいる。ウラジロモミも類似するが、ウラジロモミは葉の裏が白っぽいのが特徴。ウラジロモミは若い枝は無毛だが、モミには細かい毛が生えている。

ヤマザクラ：落葉広葉樹の高木。葉は長さ8〜12cm。葉柄は赤く、上部に2個の腺体（いぼ状の突起）がある。葉の裏は白っぽい。葉の付き方は互生で、葉の縁には鋸歯がある。樹皮は独特の赤紫色で、横にはげる。キブシにも似るが、キブシは鋸歯が大ぶりで、葉の先がしっぽのようにとがる。また腺体はない。

ヤマツツジ：常緑（半落葉）広葉樹の低木。葉の長さは3〜5cmで、互生だが枝先に集まって付く。葉の縁は全縁である。表も裏も毛が多い。ホツツジに似るが、ホツツジは、葉の形がひし形に近く、葉の表に毛はそれほど目立たない。

ヤブツバキ：常緑広葉樹の小高木。葉は厚く光沢があり、長さ6〜12cmで、やや丸みを帯びている。葉の付き方は互生で、葉の縁に細かい鋸歯がある。葉の先はしっぽ状に少しのびる。樹皮は白っぽい灰色で平滑。冬に赤い大きな花が咲く。

ヤマボウシ：落葉広葉樹の高木。葉は長さ5〜10cm。葉の付き方は対生で、葉の縁は全縁である。葉の形はほぼ円のように丸く、側脈が緩やかな弧を描いて葉先に集まるのが特徴的で、玉ねぎの切り口のような印象がある。葉の裏の側脈の付け根に毛が多い。葉柄は1cm以下と短めで、葉の縁は波打つ。成木は樹皮がまだらにはげる。ミズキ（互生）や、クマノミズキ（対生）が似るが、両者は、葉が枝先に束生すること、葉がヤマボウシより一回り大きいこと、葉は円ではなく楕円でやや細長いこと、葉柄が長いこと、樹皮は白っぽくてはげないこと、などで区別できる。

リョウブ：落葉広葉樹の小高木。葉は長さ8〜15cmと大きめで、葉の先の方で幅が広くなる形である。葉の付き方は互生だが、枝の先に束になって付く。葉の縁には三角形の鋭いはっきりした鋸歯がある。葉の裏側の側脈の付け根に毛が多い。しばしば、葉柄が赤みを帯びる。樹皮は、迷彩服のようにまだらにはげる。樹皮がまだらにはげるものには、ナツツバキやヒメシャラがあるが、両者の葉はリョウブより小さく、葉の大きさで区別できる。

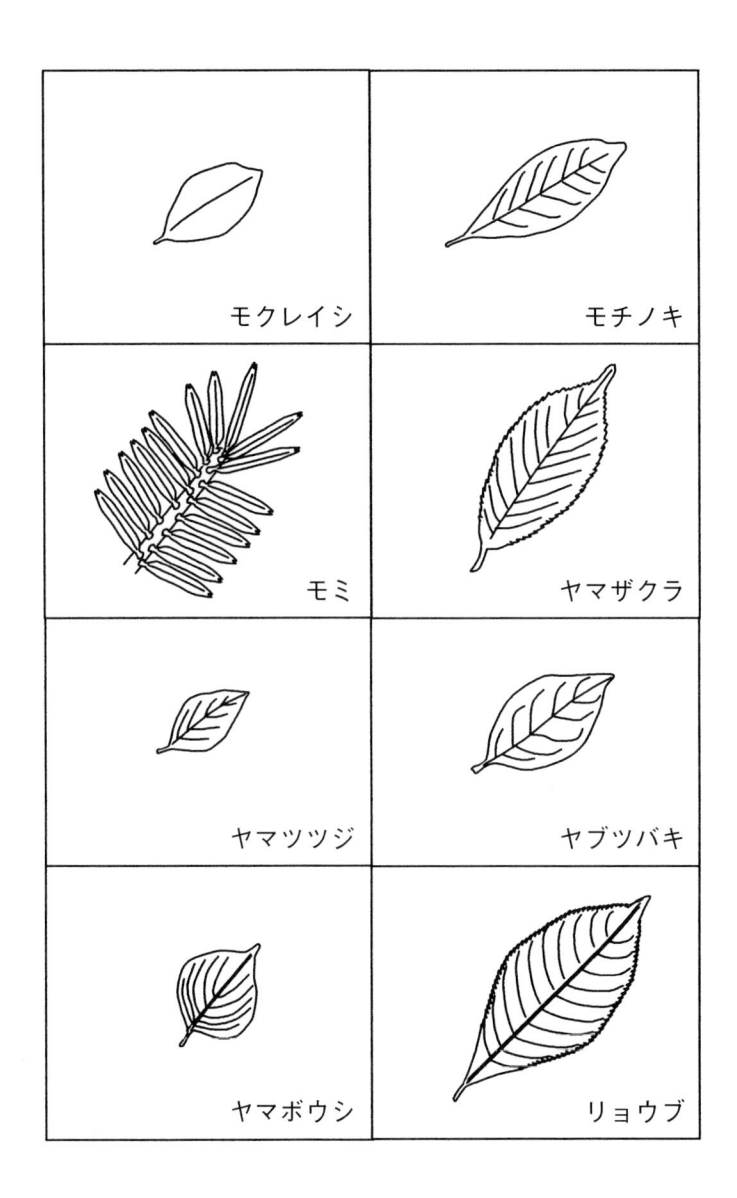

モクレイシ	モチノキ
モミ	ヤマザクラ
ヤマツツジ	ヤブツバキ
ヤマボウシ	リョウブ

樹木を見分けるポイント

①常緑か落葉か？

まず、樹木は、常緑樹と落葉樹に分けられます。
・常緑：1年中葉が付いている。葉の色は濃い深緑色。葉は厚く硬い。表面につやがある。
・落葉：冬に葉を落とす。葉の色は黄緑色。葉は薄くて柔らかい。表面にはつやが少ない。

②葉の大きさ

葉の長さや幅によって、大きな葉か小さな葉かを大まかに区別します。

③葉の形

広葉樹は、葉が細長いか丸みを帯びているか、あるいは葉の先の方が幅広いか（しゃもじの形）、根元の方が幅広いか（水滴の形）、など、葉の形は見分けるよいポイントになります。

また、カエデ類のように葉に切れ込みが入っている場合もよい手がかりになります。針葉樹の葉の形は、針のように尖った形（針形）をしているか、ウロコが連結した形（鱗形）をしているかを区別します。

④葉の付き方（葉序）

葉が枝に付く付き方のパターンを葉序といいます。葉序は、互生と対生の2種類に分けられます。

また、複葉といって、何枚かの葉（小葉という）がセットになって1枚の葉を構成しているものもあり、これも見分けの参考になります。

互生（互い違いに葉が付く）　　　対生（左右向かい合って付く）

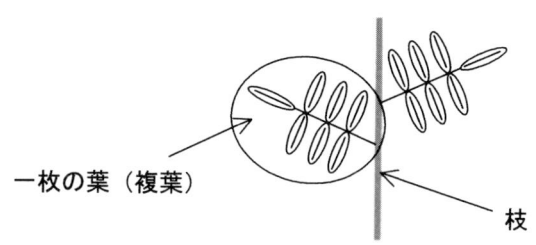

一枚の葉（複葉）

枝

複葉。図の円内の葉が全体で1枚の葉を構成している。落葉するときには、円内の7枚の葉とそれが付いている軸と一緒にまとめて落ちる。

⑤葉の縁の形

葉の縁に鋸の歯のようなギザギザが付いているタイプ（鋸歯縁）と付いていないタイプ（全縁）に分けられます。

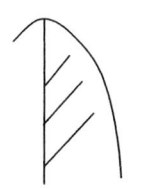

全縁（葉の縁にギザギザがない）　　　鋸歯縁（ギザギザがある）

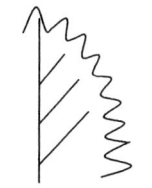

大きな鋸歯と細かい小さな鋸歯が組み合わさったタイプを、とくに重鋸歯ということがあります。

⑥葉脈の形と葉柄の長さ

葉に張りめぐらされた骨格の部分を葉脈といい、この葉脈の形は

樹木を見分けるよいポイントになります。また、葉柄とは葉を枝につないでいる柄の部分で、その長さも参考になります。葉柄や葉身（葉の本体の部分）には、腺体といって、葉が蜜や油を分泌する器官が見られることがあります。腺体の有無も確認するとよいでしょう。

⑦樹皮と樹形

　樹皮の色と、割れ目の様子は、樹木の区別に役立ちます。また、皮目という木が呼吸する穴のある突起もよい特徴になります。樹形とは木の全体の形で、円錐形とかホウキを逆さにした形とか、樹木の特徴をよく表すことがあります。

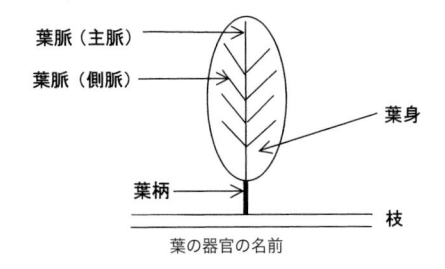

葉の器官の名前

参考文献

PART 1　関東近郊の特選10コース

江ノ島

宮脇昭・村上雄秀・鈴木伸一・益田康子・塚越優美子・藤原一絵（1984）「江ノ島の植生　―みどり豊かな環境創造の基礎として―」神奈川県

今永勇（2000）神奈川の自然シリーズ14　江ノ島の海食地形、自然科学のとびら（神奈川県立生命の星・地球博物館発行）第6巻　第3号　通巻22号

高麗山

宮沢敏雄（1974）大磯高麗山の自然林の現況調査、神奈川県文化財調査報告書　第36集

宮脇昭・藤原一絵・中村幸人・大山弘子（1976）「平塚市の植生」平塚市

宮沢敏雄（1980）「神奈川県指定天然記念物　大磯高麗山の自然林の現況調査」神奈川県文化財調査報告書　第40集

宮脇昭・藤原一絵・寺田仁志（1991）「大磯町の植生」大磯町企画課

澤柳健一・遠山三樹夫（1994）「大磯高麗山の自然林　第一部　森林の現況について」天然記念物総合診断報告書　第4報

大磯町（編）（1996）「大磯町史9　別編　自然」

中島浩一（2003）「高麗山県民の森　森林植生変遷史～寺社領地から御料地、そして県有林へ　その2000年の歴史を振り返る～」神奈川県自然環境保全センター自然情報　第2号

東高根森林公園

宮脇昭・藤間煕子・佐々木寧（1973）「川崎市東高根地域の植物社会学的調査研究」神奈川県文化財調査報告書　第35集

宮脇昭（1972）「神奈川県の現存植生」神奈川県教育委員会

宮脇昭（編）（1976）「神奈川県の潜在自然植生」神奈川県教育委員会

貝塚爽平（1979）「東京の自然史　増補第二版」紀伊國屋書店

山嵜志乃・遠山三樹夫（1994）東高根のシラカシ林、天然記念物総合診断報告書　第4報

参考文献

高尾山

島田和則（1994）「高尾山における先駆性高木種5種の地形分布と樹形の意義」日本生態学会誌　44

酒井暁子（1995）「河谷の侵食作用による地表の撹乱は森林植生にどのように影響しているのか？」日本生態学会誌　45

小泉武栄（2003）「山の自然教室（岩波ジュニア新書）」岩波書店

大山、丹沢山

国立公園協会（編）（1964）「丹沢大山学術調査報告書」神奈川県

神奈川県農政部林務課（1971）「神奈川県林業史」神奈川県農政部林務課

環境庁（編）（1987）「第3回自然環境保全基礎調査　植生調査報告書（神奈川県）」環境庁

和田有紀子・冨野美子・遠山三樹夫（1992）「大山の原生林」天然記念物総合診断報告書　第2報、神奈川県教育庁文化財保護課

遠山三樹夫・坂井敦（1993）「神奈川のブナ林」（財）かながわ森林財団

神奈川県公園協会（編）（1997）「丹沢大山自然環境総合調査報告書」神奈川県環境部。

石川芳治・白木克繁・戸田浩人・宮　貴大・鈴木雅一・内山佳美（2006）「丹沢堂平地区における土壌侵食と緊急対策」神奈川県自然環境保全センター報告　第3号

三頭山

桧原村史編纂委員会（編）（1981）「桧原村史」桧原村

東京都環境保全局（編）（1987）「東京都植生調査報告書」東京都環境保全局

小泉武栄（1988）「多摩川源流域の森林立地に関する地形・地質学的研究」（財）とうきゅう環境浄化財団

佐藤創（1992）「サワグルミ林構成種の稚樹の更新特性」日本生態学会誌　42

島野光司・沖津進（1993）「東京郊外奥多摩、三頭山に分布するブナ・イヌブナ林の更新」日本生態学会誌　43

小泉武栄（1994）「三頭山における集中豪雨被害の緊急調査と森林の成立条件の再検討」、（財）とうきゅう環境浄化財団

島野光司・沖津進（1994）「関東周辺におけるブナ自然林の更新」日本生態学会誌　44

東京都地学のガイド編集委員会（編）（1997）「地学のガイド　東京都の地質とそのおいたち」コロナ社

小泉武栄（1998）「山の自然学（岩波新書）」岩波書店

大菩薩嶺、金峰山

宮脇昭他（1977）「山梨県の植生」山梨県

山梨県（編）（1977）「山梨県植生図」山梨県

植松春雄（1981）「山梨の植物誌」井上書店

山梨県（編）（1982）「山梨県植物誌」山梨県県民生活局環境公害課

清水長正（1983）「秩父山地の化石周氷河斜面」地理学評論　56-8

福田正己・小嶋尚・野上道男（編）（1984）「寒冷地域の自然環境」北海道大学図書刊行会

小泉武栄・清水長正（編）（1992）「山の自然学入門」古今書院

清水長正・鈴木由告（1994）「秩父山地金峰山における周氷河性岩塊斜面と森林限界の関係について」地学雑誌　103（3）

田中格（1997）「天然生林の林分構造および成長調査に基づくミズナラ生育適地形の判定」山梨県森林総合研究所研究報告　No.19

八木橋勉・松井哲哉・中谷友樹・埣田宏・田中信行（2003）「ブナ林とミズナラ林の分布域の気候条件による分類」日本生態学会誌、53

富士山

国立公園協会（編）（1971）「富士山：富士山総合学術調査報告書」富士急行

清水清（1977）「富士山の植物」東海大学出版会

井上浩（1982）「富士山の植物」小学館

岡秀一（1992）「富士山西斜面における樹木限界の群落構造とその動態」地理学評論　65A-8

諏訪彰（編）（1992）「富士山　その自然のすべて」同文書院

増沢武弘（1997）「高山植物の生態学」東京大学出版会

小泉武栄（1998）「山歩きの自然学　日本の山50座の謎を解く」山と渓谷社

浜田崇・菅野洋光・岡秀一（2000）「富士山北西斜面の森林限界付近における気候環境」地理学評論　73A-5

南佳典・中島貴子・綾野まどか・梨本真（2000）「富士山雪崩攪乱跡地におけるシラベ・カラマツ実生動態と地表攪乱」玉川大学農学部研究報告　第40号

丸田恵美子（2002）「富士山の森林限界」山梨県環境科学研究所富士山シンポジウム2001報告書―心のふるさと「富士山」との共生を目指して―、山梨県環境科学研究所。

参考文献

PART2　森林観察を100倍楽しむために

森林の基礎知識

谷本丈夫（1990）「広葉樹施業の生態学」創文

松井健・武内和彦・田村俊和（編）（1990）「丘陵地の自然環境　―その特性と保全―」古今書院

大場秀章（1991）「森を読む」岩波書店

木平勇吉（1994）「森林科学論」朝倉書店

大場達之（2000）「山の植物誌」山と渓谷社

貝塚爽平・小池一之・遠藤邦彦・山崎晴雄・鈴木毅彦（編）（2000）「日本の地形4　関東・伊豆小笠原」東京大学出版会

菊池多賀夫（2001）「地形植生誌」東京大学出版会

梶本卓也、大丸裕武、杉田久志（編）（2002）「雪山の生態学　東北の山と森から」東海大学出版会

崎尾均・山本福壽（編）（2002）「水辺林の生態学」東京大学出版会

沼田眞・岩瀬徹（2002）「図説日本の植生（講談社学術文庫）」講談社

蔵治光一郎・保野野初子（編）（2004）「緑のダム」築地書館

中静透（2004）「森のスケッチ」東海大学出版会

福嶋司（編）（2005）「植生管理学」朝倉書店

福嶋司・岩瀬徹（編）（2005）「[図説]日本の植生」朝倉書店

福嶋司（2006）「森の不思議　森のしくみ」家の光協会

樹木のミニ図鑑

阿部正敏（1988）「葉による野生植物の検索図鑑」誠文堂新光社

尼川大録・長田武正（1988）「検索入門　樹木①」「検索入門　樹木②」保育社

中川重年（1995）「検索入門　針葉樹」保育社

林将之（2004）「葉で見わける樹木」小学館

濱野周泰（監修）（2005）「原寸図鑑　葉っぱでおぼえる樹木」柏書房

森林観察で知っておきたい用語解説

亜高木層——森林の階層構造のうち、「高木層」よりも一段低い位置ある、高さ3～10mの樹木の層。この層には、常緑広葉樹林ではヤブツバキ、落葉広葉樹林ではカエデ類が、多く見られます。

陰樹——少ない光でも生長することのできるタイプの樹木。生長はゆっくりですが、一般に長寿です。陽樹と異なる点は、母樹の下でも発芽し、稚樹が育つこと。このため、同じ種類の木が世代交代を繰り返すことができます。

階層構造——森をつくる樹木がすべて同じ高さではなく、高い木から低い木までさまざまな高さの樹木が見られる構造。一般に4つの層が見られ、高い位置から、高木層（高さ10m以上）、亜高木層（3～10m）、低木層（0.5～3m）、草本層（0.5m以下）に分類できます。

撹乱——台風、土砂崩壊、火災、火山噴火、伐採などにより、局所的に植生が破壊されること。植物がなくなって、裸地になること。

風散布——種子を風に乗せて遠くへ運ばせて、種子を撒き散らす形式。

株立ち——樹木の幹が、1本ではなく、根元から何本かに分かれて立っていること。

気候的極相——気候によってできた極相（安定した森の状態）のこと。一方、土地条件に対応してできた極相を土地的極相という。

ギャップ——森林の中で高木が倒れるなどしてできた空隙。ギャップができた直後には十分な陽光に恵まれた空間が形成されます。ギャップは大面積のものもあれば、1本の木が倒れただけの小面積のものもあります。

極相——森林を構成する植生の種類は時とともに変化します（「遷移」という）。遷移は、一般に草本→陽樹→陰樹の順に進行します。陰樹の稚樹は日陰に耐える力が強く、母樹の下でも育つので、陰樹の元では種の変化は起こりにくくなります。最終的に構成する植生の種がほとんど変化しなくなった状態を極相といいます。極相の状態では、その構成種が安定して更新（世代交代）を繰り返しています。

極相林——極相の状態にある森林。極相林を構成する樹木は、タブノキ、シイ類、カシ類、ブナ、コメツガ、シラビソなどの陰樹です。極相林をつくる樹種は、森林の外観を決定するので、森林を観察する際、とくに重要な樹種です。

渓畔林——渓谷に成立する森林。特有の樹木からなる樹林です。

原生林——人の手が加わったことのない森林。

後継樹——親の木の下に育つ、後継ぎの若い木。

高山植生——ハイマツ低木林など、森林限界より上の寒さや強風など環境の厳しい高

森林観察で知っておきたい用語解説

山に分布する植生。
更新（こうしん）──樹木が倒れて、その下に育っていた同じ種類の若い後継樹が育って、世代交代が行われること。植林による世代交代や萌芽による樹木の再生も更新とよばれます。
高木層（こうぼくそう）──森林の階層構造のうち、最上部にある、高さ10m以上の層。この層が森林の外観を決めています。
樹冠（じゅかん）──樹木のうちで、葉の生い茂った部分。
純林（じゅんりん）──ある種の樹木が非常に優占している森林。
常緑広葉樹林帯（じょうりょくこうようじゅりんたい）──タブノキ、シイ類、カシ類などの常緑の広葉樹からなる森林のタイプ。関東地方では、標高800m程度以下の暖かい場所（大まかにいって年平均気温13℃以上の場所）に分布します。
常緑針葉樹林帯（じょうりょくしんようじゅりんたい）──北海道では「亜寒帯針葉樹林帯」、本州では「亜高山針葉樹林帯」とよばれることが多い森林のタイプです。関東地方では、標高約1600m以上の山地に見られ、コメツガやシラビソなどの常緑の針葉樹からなります。一般に針葉樹は広葉樹よりも寒さに強いため、標高の高い場所や高い緯度の場所（おおむね年平均気温6℃以下）に分布しています。常緑針葉樹林には、このほかに、より暖かい温帯に分布するモミなどの針葉樹林もあります。
植生の垂直変化（しょくせいのすいちょくへんか）──山に登っていると、垂直方向に（標高が上がるにつれて）植生が変化します。これを植生の垂直変化といいます。植生が変化する原因は、気温の変化（100m標高が上がると約0.6℃気温が下がる）です。日本では大まかにいって、年平均気温が13℃以上の標高の場所には常緑広葉樹が、6～13℃の範囲には落葉広葉樹が、6℃以下の範囲（森林限界まで）には、常緑針葉樹がよく見られます。
薪炭林（しんたんりん）──薪を採るために地域住民が管理してきたコナラやクヌギの森林。多くは農用林を兼ねています。雑木林、二次林ともよばれます。ほとんどが、ガス、石油の普及でここ50年くらいは放置されています。
遷移（せんい）──植生のない状態から、極相に至るまで、時とともに植生が変化していく現象。土壌が残っている場合、草本→陽樹→陰樹という順序で変化することが多いようです。
先駆種（せんくしゅ）──裸地にいち早く定着するタイプの植物。
雑木林（ぞうきばやし）──薪や落ち葉の採取などで、住民によく利用されてきた樹林の一般的呼称。二次林ともいう。また、用途からみて、薪炭林、農用林ということもある。
草本（そうほん）──いわゆる草です。樹木に対して、草を指すときのよび名。太くて硬い幹や枝をつくれないため、樹木ほど大きく生長できません。
草本層（そうほんそう）──森林の階層構造のうち、高さ0.5m以下の層。シダ類などがよく見られます。
耐陰性（たいいんせい）──光の不足に耐えて、日陰でも育つ性質。耐陰性が強い樹木を陰樹とよびます。
稚樹（ちじゅ）──30cm～2m程度の幼い樹木。樹高が低くても樹齢が若いとは限りません（日

陰に生えたものは成長がとても遅い場合がある）が、本書では、大人の木（成木）に対して、高さが相当に小さい木を指しています。

中間温帯——「中間帯」ともよばれ、常緑広葉樹林帯と落葉広葉樹林帯との境界の部分。イヌブナ、アカシデ、クリ、モミ、ツガなどの樹木がよく分布します。

低木層——森林の階層構造のうち、高さ0.5〜3 mの層。常緑広葉樹林ではアオキ、ブナ林などの落葉広葉樹林ではササ類が多く見られます。

凍結破砕作用——岩盤を粉々にする風化作用のひとつ。冬になると岩盤の割れ目に入った雨水が凍ります。水は凍ると体積が増加するので、氷が岩の割れ目を拡大し、岩の塊を切り出します。切り出された岩はさらに風化し細かく砕かれて土砂となります。

土石流——大雨の時に、岩や流木を含む土砂が大量の水と混じって高速で沢を流れ下るもの。

土地的極相——気候的極相は主に陰樹から構成されますが、土地条件（土砂の移動、土壌の水分、土壌の厚さ、風の強さなど）によっては、陰樹の森林にならず陽樹の森のままであることがあり、これは土地的極相とよばれます。

二次林——人間の生活圏に近い場所で、薪や落ち葉の採取など、住民に利用されてきた樹林。雑木林ともいいます。あるいはもっと広い意味で、伐採や山火事などで裸地になった後、自然の力で再生しつつある遷移途上の森林全般を指すこともあります。

農用林——肥料（堆肥）に使う落ち葉を採るために地域住民が管理していたコナラやクヌギの森林。多くは落ち葉以外にも薪も採取する薪炭林を兼ねます。化学肥料の普及で、落ち葉を取らなくなって現在はほとんどが放置されています。

パッチ——ある程度まとまった範囲の島状の植生。

被圧——日光をめぐる競争に負けてしまった樹木が、光不足のために弱ること。

ひこばえ——根元や切り株からたくさん出てくる芽。萌芽、萌芽枝ともいいます。

風衝草原——風が強い山地の山頂や稜線では、樹木が生育せず草原となっていることがあり、そのような草原は風衝草原とよばれます。

萌芽——根元や切り株からたくさん芽を出すこと、またはその芽。「ぼうが」とも読む。伸びた芽は、「萌芽枝」、「ひこばえ」ともいいます。多くの広葉樹は萌芽する能力を持っており、この能力が強い樹木は、人間によって切り倒されたり幹が風などで折れたりしても、萌芽枝のいずれかが生長して再生し、生きのびる可能性が高くなります。

崩芽更新——萌芽により世代交代（再生）をすること。種子が発芽して稚樹に生長する更新（実生による更新）と異なり、同一の個体の一部が生長して再生します。

匍行——山の斜面に堆積した土砂が、重力の力で、斜面の下方向にきわめてゆっくりと移動していく現象。凍結と融解などにより土砂が膨張と収縮を繰り返す時、土の粒

子がもとの位置に戻らず、重力の力で斜面の下方向に移動するために起こります。匍行現象が激しい場所では、斜面上に生えている木の根元が曲がったりします。

母樹——種子を生み出す樹木。

実生——萌芽や挿し木ではなく、種子から芽が出て育った植物。

木本——草（草本）に対して、樹木を指します。樹木は太くて硬い幹や枝を持ち、大きく生長できる点が草本と大きく異なります。

谷戸——丘陵や台地の谷間の平坦地。湿地や水田になっていることが多い。

優占——ある種の植物（生物）の個体数が多いこと。

陽樹——たくさんの日の光を浴びて、早く生長するタイプの樹木。植生が破壊された後の裸の土地は、日を遮るものがない明るい環境なので、陽樹がよく見られます。翼のある小さい種をたくさんつくり、風に乗せて遠くに飛ばし、植生が破壊された後の裸の土地に、すばやく根づく戦略を持っています。ただし、日陰に弱いため、母樹の下では、その稚樹が育たず、いずれ陽樹は日陰に強い陰樹に取って代わります。

落葉広葉樹林帯——ブナ、ミズナラ、カエデ類などの、常緑広葉樹よりも葉が薄く、冬に落葉する広葉樹からなる森林タイプです。冬は、葉を落として休眠できるので、常緑広葉樹より寒さに強く、暑さに弱いので、常緑広葉樹よりも涼しい気候の場所（おおむね年平均気温6〜13℃の範囲）に分布します。関東地方では、標高800〜1600m程度の位置に見られます。

裸地——植生がなく、土や岩が露出している土地。

流域——川の流れに沿った周辺の地域。正確には、ある川に対して、降った雨がその川に注ぐ範囲を、その川の流域といいます。

林冠——森林の葉と枝の部分。個々の樹木の樹冠が隙間なく集まってできたもの。

林床——森林の地表面。

問い合わせ一覧

江ノ島
江ノ島観光案内所　☎0466-24-4141

高麗山
大磯町観光協会　☎0463-61-3300

東高根森林公園
東高根森林公園パークセンター　☎044-865-0801

高尾山
高尾ビジターセンター　☎042-664-7872

大山
伊勢原市観光協会　☎0463-94-4711

丹沢山
秦野市観光協会　☎0463-82-8833
みやま山荘（通年営業）　☎0463-81-8662（または090-2624-7229）
神奈川県厚木土木事務所道路都市部道路維持課（道路状況）
　　☎046-223-1711（代）
神奈中ハイヤー　☎0463-81-1801
相模中央交通　☎0463-81-0135
秦野交通　☎0463-81-6766

三頭山
東京都檜原都民の森管理事務所　☎042-598-6006
西東京バス　☎042-596-1611

大菩薩嶺
えんざん観光協会　☎0553-32-2111
山梨交通（バス）　☎055-223-0821

塩山タクシー　☎0553-32-3200
峡東タクシー　☎0553-33-3120

金峰山
北杜市観光協会須玉支部　☎0551-42-1113
瑞牆山荘（週末、3月中～11月末、年末年始営業）　☎0551-45-0521
金峰山小屋（4月末～11月末、年末年始営業）　☎0267-99-2158
山梨峡北交通（バス）　☎0551-42-2343
山交タウンコーチ（バス）　☎0551-22-2511

富士山
山梨県立富士ビジターセンター　☎0555-72-0259
富士急山梨バス　☎0555-72-6877

おわりに

　「森林観察」は、樹木だけでなく、森を取り巻く自然環境を知る「木も見て森も見る」方法です。あるいは「森も見て山も見る」方法です。
　「なぜ、そこにその木が生えているのか？」といった、「なぜ？」の部分を大切にしていくと、漠然と見える森林も、その仕組みが「見えて」きます。
　本書では、その「なぜ？」を解き明かしながら、関東近郊の10のコースを歩いてきました。
　森林を歩くことは、私たちに多くの喜びを与えてくれます。心と体のリフレッシュ効果、発見と感動の喜びなどを通して、四季折々の自然は人間を再生させてくれます。一方で、日本の森林は問題を抱えていることも見えてきました。森林観察は、大切な森林が、今どのような状態にあるのか、将来どうなっていくのか、を考える方法でもあります。
　森の楽しみ方は百人百様でしょう。日本には、すばらしい森がたくさんあります。本書で取り上げたコースガイドを参考にして、それぞれのすばらしい森の旅をしていただければ幸いです。
　最後に、資料や情報を提供して頂いた神奈川県、東京都、山梨県の関係諸機関の方々に御礼申し上げますと共に、築地書館の編集担当の稲葉将樹氏と、校閲作業を手伝ってくれた妻栄子に、心より感謝いたします。

渡辺一夫

森林観察ガイド
驚きと発見の関東近郊10コース

2007年4月28日　初版発行

著者	渡辺一夫
発行者	土井二郎
発行所	築地書館株式会社
	〒104-0045　東京都中央区築地 7-4-4-201
	TEL:03-3542-3731　FAX:03-3541-5799
	http://www.tsukiji-shokan.co.jp/
	振替 00110-5-19057
装丁	新西聰明
印刷・製本	株式会社シナノ

©Kazuo Watanabe 2007 Printed in Japan ISBN978-4-8067-1346-3